Karl Lind

Ueber den Krummstab eine archäologische Skizze

Karl Lind

Ueber den Krummstab eine archäologische Skizze

ISBN/EAN: 9783744603621

Hergestellt in Europa, USA, Kanada, Australien, Japan

Cover: Foto ©ninafisch / pixelio.de

Weitere Bücher finden Sie auf **www.hansebooks.com**

Ueber den Krummstab.

Eine archäologische Skizze

von

Dr. Karl Lind,

Concepts-Adjunct im k. k. Ministerium für Handel und Volkswirthschaft.

WIEN 1863.

In Commission bei Prandel und Ewald.

Druck von A. Pichler's Witwe & Sohn.

Ueber den Krummstab.

Eine archäologische Skizze

von

Dr. Karl Lind.

WIEN 1863.

In Commission bei Prandel und Ewald.

Druck von A. Pichler's Witwe & Sohn

Seiner Excellenz

Herrn Dr. Josef Alexander Freiherrn von Helfert,

Seiner k. k. apostol. Majestät wirklichem geheimen Rathe, Ritter des Ordens der eisernen Krone II. Klasse, Unterstaatssecretär im k. k. Staatsministerium, Präsidenten des Alterthums-Vereines zu Wien etc. etc.

dem Urheber und Leiter

der

archäologischen Ausstellung zu Wien im Jahre 1860

in grösster Hochachtung

gewidmet

vom

Verfasser.

Die reiche Auswahl der Krummstäbe und zwar solcher von den fast ältesten Zeiten an bis in die Renaissance, welche sich in der vom Alterthums-Vereine zu Wien im Jahre 1860 veranstalteten grossen Ausstellung mittelalterlicher Kunstgegenstände vorfand, gab Anlass zur nachfolgenden Betrachtung über die Eigenthümlichkeit dieses Attributes hoher priesterlicher Gewalt und über dessen durch viele Jahrhunderte fortdauernde Formen-Entwicklung. Der grösseren Vollständigkeit wegen haben wir uns erlaubt, hier noch einiger in Oesterreich befindlicher mittelalterlicher Krummstäbe Erwähnung zu thun, und deren Abbildungen beizugeben, obschon sie nicht Gegenstand besagter Ausstellung waren. Auch muss noch bemerkt werden, dass es nicht unsere Absicht ist, eine das Wesen des Krummstabes erschöpfende Abhandlung zu schreiben, sondern es sollen die folgenden Blätter der vorliegenden, eine Skizze aus dem Gebiethe der Archäologie benannten Brochure dem Besucher der erwähnten Ausstellung blos ein bleibendes Andenken an dieselbe sein, — demjenigen aber, der nicht in der Lage war, sie zu besuchen, soll hiermit, d. i. durch die Behandlung einer einzigen Gruppe der vielen auf dieser Ausstellung befindlichen Gegenstände mittelalterlicher Kunst nur ein kleines und schwaches Bild von den bedeutenden Schätzen gegeben werden, die damals in Wien vereint zu schauen waren. Wenn diese Zeilen überdiess noch bewirken, dass andere und weit reicher zusammengestellte Gruppen dieser Ausstellung, wie die der Kelche, Monstranzen, etc. in ähnlicher Weise besprochen werden, und dass bei Gelegenheit einer künftigen archaeologischen Ausstellung die hier erwähnten, noch nicht ausgestellt gewesenen Krummstäbe in Folge der hiermit auf sie geleiteten Aufmerksamkeit zur Ausstellung gelangen, so ist Alles erreicht, was der Verfasser vom Erfolge dieser Zeilen sich gehofft hat.

Unter den mannigfaltigen Abzeichen der bischöflichen Würde ist der Bischofstab eines der hervorragendsten und vorzüglichsten. Die Bischöfe erhalten den Stab mit dem übrigen, hohpriesterlichen Schmucke bei ihrer Consecration, und führen denselben fortan als Zeichen ihrer Jurisdictions-Gewalt bei allen feierlichen Gelegenheiten. Gleich der Inful bildet der Stab gegenwärtig ein Zierstück des bischöflichen Wappens, und fehlt fast nie unter jenen Insignien, mit denen die Abbildungen verstorbener Kirchenfürsten auf ihren Denksteinen versehen sind.

I.

Bevor wir uns mit dem Bischofstabe beschäftigen, sei es erlaubt, ganz kurz jener speciellen Bedeutung des Stabes überhaupt Erwähnung zu thun, welche, da sie die Basis der Bedeutung des Bischofstabes bildet, für uns von Wichtigkeit ist.

Wenn man absieht von der allgemeinen und eigentlichen Bestimmung des Stabes, als Stock und Stütze *), so erübriget noch eine weitere, wichtige Eigenschaft, die demselben innewohnt. Seit jeher wird nämlich dem Stabe im Allgemeinen und zwar eben im Gegensatze zum züchtigenden und stützenden Stocke eine sichere und bestimmte Bedeutung von Würde, Rang, Ansehen, Macht und Herrschaft bezüglich desjenigen, der ihn führt, beigelegt. Blicken wir zurück, so weit es die Geschichte gestattet, selbst in das Gebiet der Mythe, wir treffen überall Beweise dafür. Wir finden den Stab, zwar mannigfaltig in Form und Anwendung, aber doch immer als symbolisches Zeichen der Macht. Von den antiken Göttern des Orients und Occidents an, bis zur Gegenwart, zu allen

---

*) Über den Stock s. Zappert's Stab und Ruthe, Sitzungsbericht der k. Akademie der Wissenschaften 1852.

Zeiten, in und ausser den Gränzen Europas zeigt sich uns der Stab in gleich symbolischer Weise verwendet. Könige und Fürsten führen den Scepter, der in ältester Zeit aus einem einfachen Stabe*) bestand, und erst später eine zierlichere Gestalt, jedoch nie mit Verläugnung seiner Grundform, angenommen hat. Herolde und Gesandte, die Kriegsherren fast aller Zeiten bis zur Gegenwart, nicht minder die Marschälle, Bürgermeister, Richter und Friedensrichter **), sie alle führen und schwingen den Stab, als Abzeichen ihrer Gewalt und Sendung ***).

Immerhin, wenn auch von verschiedenen Personen und in verschiedenen Würden gebraucht, behält der Stab die gleiche Bedeutung. Er bedeutet eine Macht, eine Gewalt, daher auch oft die mit der Macht und Gewalt verbundene Würde selbst und rücksichtlich seiner Anwendung deren Erlangung, Ausübung oder Aufgeben. Der Führer des Stabes ist der Mächtige, der Besitzer der Macht, wer den Stab hat, hat die Gewalt, wer ihn hingibt, gibt die Macht hin, verzichtet auf die Gewalt, verliert sie.

Das Gleiche wie beim Stabe im Allgemeinen ist auch bei seiner Specialität, bei dem Bischofstabe der Fall. Der Bischofstab (Hirtenstab, Stab, pedum episcopale, pastorale, baculus pastoralis, auch ferula, virga, sambuca) ****) soll die Fülle der bischöflichen

---

*) J. Grimm Rechtsalterthümer 134. 3. — Hefner, Trachten des christlichen Mittelalters.

**) Schmeller, Bayr. W. B. III. 601. — Grimm l. c. 761.

***) Ja selbst die s. g. Zauberer vergangener Zeiten und ihre modernen Nachfolger „die Taschenspieler etc." stellen sich uns mit ihrem wunderkräftigen, mächtigen Stäbchen bewaffnet vor. Nicht zu gedenken jener vielen kleinen Autoritäten, die zum Zeichen ihrer Macht noch bis jüngst den Stock trugen.

****) Du Cange-Henschel: Glossar: med. et inf. latinitatis enthält I. 529—530 über baculus pastoralis, II. 723. III. 243 über ferula beachtenswerthe Belegstellen; Dieffenbach, Gloss. lat. germ. 421 über das Pedum; Wolfskron: der Bischofstab. Mitth. der k. k. Centr. Com. II. 256. u. f. — desselben: die Bilder der Hedwigslegende, Wien 1846. p. 67.

Macht, die dem Bischofe anvertraute kirchliche Kraft, dessen geistliche Gewalt anzeigen *). Den Wirkungskreis des Bischofes wohl bezeichnend, heisst es in den Officiis: Huic (episcopo), dum consecratur, datur baculus, ut ejus judicio subditam plebem vel regat, vel corrigat, vel infirmitates infirmorum sustineat. (II. 5.)

Seit welcher Zeit der Stab bei den Bischöfen im Gebrauche steht, lässt sich nicht genau bestimmen, doch ist die frühere allgemeine Annahme des neunten Jahrhunderts, als Beginn desselben, unrichtig, indem sich schon aus viel älterer Zeit hinreichende Beispiele für das Bestehen dieses bischöflichen Attributes beibringen lassen.

II.

Wenn wir von der im Bischofstabe liegenden Eigenschaft bezüglich der ihn zu führen berechtigten Person auf das Materielle desselben übergehen, so sind es vorzüglich Form und Stoff, die einer Betrachtung würdig erscheinen. Von diesen äusseren Eigenschaften soll uns die erstere vorerst beschäftigen.

Die Bischofstäbe hatten während der ersten Zeit ihres Gebrauches noch keine eigentliche, bestimmt ausgesprochene Form. Sie kommen zwar darin alle überein, dass sie einen beinahe mannshohen Schaft haben, allein das obere Ende war auf vielerlei Art gebildet, wie wir aus manchen durch vielerlei Denkmale der ältesten christlichen Zeit uns erhaltenen Abbildungen ersehen. So finden wir das obere Stabende mit einem kleinen Kreuze oder einer Kugel besetzt; häufiger endiget dasselbe mit zugespitzter, schwach gebogener Krümmung, ähnlich einem Gemshorne, oder es ruhet oben auf dem Stabe ein ganz kleiner, höchst mannigfaltig geformter Querbalken.

Von diesen vielerlei Formen scheinen sich jedoch nur zwei, nämlich die beiden letzterwähnten, als Hauptformen länger erhalten zu haben.

---

*) S. Augusti, Denkwürdigkeiten aus der christlichen Archäologie. Leipzig 1817—1831. XI. 107—132; Reinwald, Kirchl. Archäologie, Berlin 1830. 41; Freiburger Kirchenlexicon II. 23. 24.

Betrachten wir zuerst jene Hauptform, bei welcher der Stab aus einem verlängerten, zum Schafte sich bildenden Langbalken und aus einem kleinen, horizontal darüber gelegten Kreuzbalken ohne Kopfstück besteht, welche Form, auch nach ihrer Gestalt Krückenform genannt, dem Buchstaben T ähnlich ist. Die Enden des Kreuzbalkens sind theils gerade, theils mehr oder minder gebogen und zwar meistens nach abwärts.*). Die Eigenthümlichkeit dieser Form besteht demnach, man kann sagen, fast nur darin, dass der Stab statt Einer Krümme, wie jetzt am Bischofstabe üblich, zwei solche und zwar in einander entgegengesetzter Richtung hat, dergestalt, dass das obere Ende des Stabes sich in zwei von einander abgewendete Krümmungen spaltet. Die Krücke war meistens aus Elfenbein gebildet und häufig mit eingeschnittenen Figuren verziert. Nicht selten befanden sich im Innern des Stabes, und zwar meistens in einer Höhlung der elfenbeinernen Krümme Reliquien verschlossen.

Diese Krückenform, welche in der abendländischen Kirche um das Ende des XII. Jahrhunderts aus dem Gebrauche verschwindet, hat sich in der morgenländischen Kirche der Grundidee nach bis zur Gegenwart erhalten, obgleich sie durch die jetzt übliche Verdoppelung der Krümmung an den beiden Enden des Querbalkens eine nicht unwesentliche Modification erlitten hat. In der abendländischen Kirche gehören Stäbe dieser Form zu den grössten Seltenheiten. In dem vortrefflichen, umfassenden, ja unseren Gegenstand nahezu erschöpfenden Werke des verstorbenen Abbé Martin über die Krummstäbe wird eine Reihe derartig geformter Stäbe in Abbildungen vorgewiesen **).

---

*) Dieser Form ähnlich sind die Krückenstäbe, welche wir am Niello-Antipendium zu Klosterneuburg abgebildet finden. Sie werden in den Händen der aus Kanaan rückkehrenden und mit der grossen Traube belasteten Kundschafter getragen. Ber. u. Mitth. des Alterth. Ver. zu Wien. IV. Taf. XIII. Fig. XXVII. n p. 51. und Mitth. der k. k. Centr. Comm. 1858. Taf. XIII.

**) Cahier und Martin: Melanges d'archéologie IV. p. 161—256. Le baton pastorale, mit einer Einleitung „des crosses pastorales" von Abbé Barraud.

Hier sei nur zweier krückenförmiger Bischofstäbe Erwähnung gethan, wovon der eine sich in der Pfarr- und ehemaligen Benedictiner-Abteikirche zu Deutz bei Cöln, der andere im Schatze des Benedictiner-Stiftes St. Peter in Salzburg befindet. Der erstere ist aus dem X. Jahrhunderte und wird dem h. Heribert zugeschrieben*), den anderen soll der h. Rupertus geführt haben. Bei Gelegenheit der Beschreibung der den Schluss dieser Schrift bildenden Krummstab-Abbildungen werden wir noch einmal auf den Krückenstab von St. Peter ausführlich zurückkommen.

Die zweite und mit der früher erwähnten gleich alte Form, welche aber jene im Verlaufe der Zeiten aus der abendländischen Kirche gänzlich verdrängte, besteht ihrem Hauptcharakter nach darin, dass die Krümmung aus dem ganzen oberen Theile ohne vorhergehender Spaltung gebildet wird. Die ältesten Krummstäbe dieser Form sind von grösster Einfachheit und mit Rücksicht auf die geringe hakenförmige Umbiegung des oberen Endes dem Buchstaben *f* nicht unähnlich. Die Krümmung endigte anfänglich meistens mit einer kugelartigen Anschwellung oder mit einem blattähnlichen Ornamente. Unter der Krümmung ist ein Knopf angebracht, der als Vermittler zwischen ihr und dem Schafte erscheint. Am unteren Ende dieses fast immer ziemlich hohen Stabes befindet sich ein Stachel.

Diese Form hat sich in ihrer Einfachheit, obgleich nicht ausschliesslich, bis zu Anfang des XIII. Jahrhunderts erhalten, in welcher Zeit es bereits allgemein üblich war, die Krümmung stärker zu bilden, mehr zu biegen und einzudrehen, und man überhaupt an dem Pedum grössere und bedeutendere Verzierungen anzubringen suchte **).

---

*) Bock: heiliges Cöln. Taf. XXIII. Fig. 85, sammt entsprechendem Texte.
**) Beispiele für derartige einfache Krummstäbe finden wir in den aus dem 13. Jahrhunderte stammenden Glasmalereien der Brunnenhalle zu Heiligenkreuz und des Capitelhauses zu Klosterneuburg (s. Dr. Heider und Prof. Eitelberger, Mittelalterliche Kunstdenkmale des österreichischen Kaiserstaates I. Taf. V., und Jahrbuch der k. k. Centr. Comm. II.,

III.

Allein schon im Verlaufe des XI. und zu Anfang des XII. Jahrhunderts suchte man dem Krummstabe ausser der ohnehin in seiner Bestimmung, als Abzeichen der bischöflichen Gewalt, liegenden Bedeutung noch eine weitere und zwar eine symbolische Bedeutung zuzuschreiben, gleichwie man damals überhaupt das besondere Augenmerk dahin richtete, allen Einrichtungen des Kirchengebäudes, den priesterlichen Kleidungen, den kirchlichen Geräthen und Gefässen, endlich allen dem Kirchendienste gewidmeten und geweihten Gegenständen eine bestimmte Symbolik beizulegen, und man in all diesem ein Abbild des Glaubens erblicken wollte. Man bestrebte sich nämlich, die eigentliche Bedeutung des Stabes, d. i. der bischöflichen Gewalt, schon in der Form seiner einzelnen Theile dargestellt zu finden. Ja, man ging noch weiter, und wollte durch einige an dem Pedum angebrachte Ornamente, Inschriften u. dgl. zugleich auch noch gewisse biblische Begriffe und Dogmen, die mit der Bedeutung des Stabes in näherer oder entfernterer Verbindung

---

Taf. XV. XXV. u. XXVI.); in den Siegeln der n. ö. Abtei Altenburg vom Jahre 1144 (Jahrb. der Centr. Comm. III. 219), der Domcapitel zu Neutra und Gran (Mitth. der k. k. Centr. Comm. IV. 249, 267); in Wolfskron's Aufsatz über den Bischofstab (ebend. II. 257) und desselben Bilder der Hedwigs-Legende. Endlich verweisen wir auf das Werk Hefners: Ueber Trachten des Mittelalters I. 10, 28, 36, 75, 78; II. 43; ferner Eye's und Falke's: Kunst und Leben der Vorzeit; auf Herrgott's Monum. aug. dom. austr. I. (Sig. et insig.); auf Müllers Beiträge zur teutschen Kunst und Geschichtskunde, T. 6 (Monument des Erzbischofs Siegfried III. zu Mainz 1249) und auf Engelhart's: Bilder des hortus deliciarum der Herrard von Landsberg, Taf. V. VII. — Die Domkirche zu Gurk bewahrt ein Grabdenkmal, wahrscheinlich des 1214 zum dortigen Bischof erwählten, jedoch noch vor seiner Consecration in demselben Jahre verstorbenen Salzburger Dompropsten Otto von Gurk, auf welchem wir in der Hand der darauf angebrachten Figur ein Pedum der besprochenen einfachen Form finden (Mitth. der k. k. Centr. Comm. V. 327, 328) etc.

stehen, symbolisiren und in harmonische Verbindung bringen. Dass dies in überraschender, erhabener und tief ergreifender, ja oft und zwar aus Ursache der romanischen Kunstperiode in fast mystischer Weise geschah, dies beweisen uns genügend die aus jener Zeit überkommenen Stäbe und deren zahlreich erhaltene Abbildungen in vielartigen Schriften und Zeichnungen, in Siegeln und Grabdenkmalen.

Die Symbolik des Krummstabes ist somit eine zweifache. Die erstere und wichtigere liegt in der Form des Stabes und seiner Theile; die zweite vorzüglich in den Verzierungen. Die erstere ist mit dem Stabe selbst innig verbunden und demselben bis heute geblieben; die zweite ist eine blosse Beigabe, daher sie auch nur zeitweise an ihm zu finden ist.

IV.

Betreffend die Symbolik der Form der einzelnen Theile des Stabes, nämlich der Krümmung (Curvatura *), des Nodus und des Dornes, welche drei Theile gegen Ende des XII. Jahrhunderts an fast allen Krummstäben vereint vorkommen, erklärte man diese, nämlich die Theile, als keine formellen Zufälligkeiten, sondern im Gegentheile sollten sie alle drei zusammen und auch jeder abgesondert für sich seine specielle Bedeutung für die hohe Mission des Bischofs haben, und es sollte keiner davon wegen Vervollständigung der Hauptsymbolik des ganzen Stabes an ihm fehlen, was auch bis zur Gegenwart so gehalten wurde und noch befolgt wird.

Man suchte in diesen Theilen einerseits die Vielseitigkeit der bischöflichen Würde den Gläubigen gegenüber zu characterisiren, und anderseits den den Stab Führenden an die mannigfaltigen Aufgaben eines Seelenhirten zu erinnern. Denn so wie das Ganze den Charakter des Hirtenstabes nicht verläugnet, so mahnt der gekrümmte Obertheil an die Pflicht des Bischofes, die Gläubigen an

---

*) Curvatura vergl. Feil in Schmidl's Österr. Blätter für Literatur und Kunst 1848, S. 242; Böhmer: Fontes rer. germ. II. 255; Frisch: D. L. Wörterbuch, 100.

sich zu ziehen, die Irrenden zu sammeln und zu erhalten. Mit der Spitze sollen die Widersacher der Kirche zurückgestossen, gleichsam mit dem Stachel des Evangeliums bekämpft, und die Trägen im Glauben aufgeweckt und zum Kampfe gegen die Sünde angespornt werden. Der Knopf sei das Symbol der Gottheit des Erlösers, die dem Schwachen und Schwankenden dargebotene Unterstützung. Klar spiegelt sich die Bedeutung der erwähnten drei Theile des Krummstabes in den Worten ab, mit welchen die Uebergabe des Peduma an den consecrirten Bischof dem römischen Pontificale gemäss begleitet wird. Sie lauten: Accipe baculum pastoralis officii, ut sis in corrigendis vitiis pie saeviens, judicium sine ira tenens, in fovendis virtutibus auditorum animas demulcens, in tranquilitate servitatis censuram non deserens *).

Oefters findet man am Stabe, dem Sinnbilde der bischöflichen Befugnisse, Inschriften angebracht, welche sich auf die erwähnte Bedeutung der drei Haupttheile beziehen; so an der Krümmung: dum iratus fueris, misericordia recordaberis; am Knopfe: homo oder cape; am Stachel: parce, damit der Bischof nicht vergesse, dass er selbst ein schwankender Mensch sei, daher seine kirchliche Gewalt nicht missbrauche, nicht mit Leidenschaft richte, seine Untergebenen schone, und gegen sie Mitleid übe **).

---

*) Honorius von Autun sagt: Attrahe per primum, media rege, punge per imum. Derselbe († um 1130 – 1143) gibt eine eingehende Erklärung der Symbolik des Krummstabes in seiner Schrift: Gemma animae (cap. I. 217—220). Ferner finden sich derartige Erläuterungen in Hugo's von St. Victor (lebte um 1118 – 1140) Schrift: de sacramentis (Absatz: de baculo episcopali), endlich bei Duraudus von Mende († 1296) in dessen Ration. div. officio III. 15. 35. Im Rituale von Moissac aus dem 10. Jahrhundert heisst es: In nomine D. N. I. C. accipe baculum pastoralem ad custodiendos greges et reddendos pastori pastorum. Vergl. Kreuser „Kirchenbau" II. 154.

**) Am Stabe des Bischofs Berward zu Hildesheim befindet sich folgende Inschrift: Collige, sustenta, stimula, vaga, morbida, lenta. Collige per summum, medio rege, punge per imum. Am Stabe des Bischofs Godehard: Sterne resistentes, stantes rege, tolle jacentes.

Gleich dem Moses, der mit dem Stabe in der Hand auf Gottes Geheiss dessen auserwähltes Volk führen und leiten sollte, — gleich den Aposteln, die, von ihrem göttlichen Lehrer und Meister in die Welt ausgesendet, bei ihrem evangelischen Lehramte den Wanderstab trugen, gleich diesen steht der Bischof als Nachfolger der Aposteln umgeben von seinen Priestern in der Mitte seiner Gemeinde, um sein hohes Amt als Führer und Leiter, als Lehrer und Meister der Gläubigen mit Würde und Strenge zu halten, um mit frommem Eifer zu bessern, ohne Zorn und Vorurtheil zu richten und zu rechten, und das Streben nach Tugend zu wecken und zu stärken*).

V.

Bezüglich der in den Ornamenten des Krummstabes liegenden Symbolik sind für uns die der romanischen Kunstperiode angehörigen Stäbe von grossem Interesse, denn nur fast allein an diesen sind derartige Ornamente zu finden. Die hier zu betrachtenden Ornamente bestehen aus jenen figuralischen Darstellungen, welche zum Theile inner der Krümmung angebracht sind, zum Theile aber diese selbst bilden. Ueberhaupt ist die Krümmung jener Theil des Bischofstabes, an dem man sich vorzüglich bestrebte, Verzierungen anzubringen, an welchem aber auch eben dadurch der ihm beigelegte symbolische Character des Hakens bedeutend vermindert wurde. Würde man diese in den Krümmungen angebrachten geheimnissvollen, meist aus kämpfenden Thieren bestehenden Gruppen nur oberflächlich besehen, so könnte man leicht zu dem gänzlich falschen und voreiligen Schlusse gelangen, als seien diese Gebilde nur Produkte der Fantasie ohne tieferen Hintergedanken, während das Resultat einer aufmerksamen und gründlichen Betrachtung derselben und einer Vergleichung mit anderen gleichzeitigen Kunstwerken das Erkennen eines zur Zeit der romanischen Kunstepoche

---

*) Kreuser: „Der Kirchenbau", daselbst heisst es: Der Stab soll uns daran erinnern, dass wir auf Erden Wanderer sind nach der himmlischen Heimat, und Boten Gottes sein sollen. II. 156.

bestehenden allgemeinen Bestrebens ist, in fast allen Kunstwerken directe oder symbolisch an den christlichen Glauben zu erinnern. Wenn es auch bis jetzt noch nicht gelungen ist, die Bedeutung aller derartigen symbolischen Darstellungen zu entziffern und zweifellos hinzustellen, so kann man doch in Consequenz der bis jetzt gelieferten Erklärungen einer sehr bedeutenden Menge derselben mit Bestimmtheit annehmen, dass sie alle einen sehr ernsten und tiefen christlichen Sinn haben.

In Folge dieses Bestrebens hatte die Symbolik an den Kunstwerken des Romanismus ihren Höhepunkt erreicht, und es drängt sich uns immer mehr die Ansicht auf, dass während der romanischen Kunstperiode fast nur in diese Darstellungen der Schwerpunkt des Kunstwerkes gelegt ist, während der Stoff und die meistens sehr mangelhafte Ausführung blos als die Träger der geistigen Bezüge erscheinen.

Vom XI. Jahrhunderte an finden wir solche symbolische Darstellungen am häufigsten, welche sich auf den Kampf des Christenthums mit dem Bösen, das fruchtlose Ankämpfen der Sünde gegen die Segnungen der Erlösung, den Sieg der Kirche über die zwar geschwächte Macht des Teufels, der aber durch fortgesetzte Versuchungen den Gläubigen immer Gefahr drohend und ein Feind des Glaubens bleibt, beziehen. Mit Hinweisung auf seine erste biblische Erscheinung ist der Teufel meistens in Gestalt einer Schlange dargestellt, aber eben dadurch, dass sich die Schlange dem Dienste der Kirche fügen muss, ist ihre Erniedrigung ausgedrückt. Die Schlange ist derartig verwendet, dass ihr Leib die ein- oder mehrmalig gewundene Krümmung bildet, der Kopf aber meistens sich inner derselben befindet. Ueberdies finden wir häufig innerhalb der Windung noch eine Darstellung, die entweder in Verbindung mit der Schlange oder schon für sich allein eine symbolische Bedeutung hat. Auch diese Darstellung ist grösstentheils dem Gebiethe der Thierwelt entnommen, und es hat die strenge kirchliche Anschauung sich nur insoferne bewogen gefunden,

den Stoff für ihre Bilder diesem Gebiethe zu entnehmen, als dem betreffenden Thiere das Symbol irgend einer kirchlichen Wahrheit innewohnt, oder doch leicht einzufügen war. Erklärungen für diese der Thierwelt entnommenen Darstellungen finden sich in den Physiologen und Bestiarien etc., welche im XI. Jahrhunderte schon eine weit verbreitete Grundlage für christliche Symbolik geworden waren.

Die an den romanischen Krummstäben gewöhnlich vorkommenden symbolischen Bilder sind: der Drache*) oder die Schlange**) gegen das Kreuz beissend, das Einhorn mit dem Kreuze im Maule, das Lamm mit der Fahne oder dem Kreuze, die Schlange einen Apfel, eine phantastische Blume oder Pflanze im Rachen haltend, das Einhorn, die Taube oder ein Engel im Kampfe mit der Schlange. Seltenere Vorstellungen, welche auch erst gegen Ende der romanischen Kunstperiode vorkommen, sind die Darstellungen aus dem Leben Mariens (besonders die Verkündigung) oder Gruppen von Heiligen. Dadurch, dass meistens die heil. Jungfrau der Schlange den Kopf zertritt, ist gleichzeitig Sünde und Erlösung dargestellt. Endlich finden sich Krummstäbe, an denen das thierische Ornament ganz fehlt, und die Windung mit einer Blume endiget ***).

VI.

Betrachten wir die Reihe der in Oesterreich noch vorhandenen romanischen Krummstäbe, von denen die meisten in der grossartigen

---

*) Ueber die symbolische Bedeutung der hier erwähnten Thiere s. Archiv für Kunde österr. Gesch. Quell. II. 552 (Physiologus von Dr. Heider) und Karajan's deutsche Sprachdenkmale aus dem 12. Jahrh. 99. Vergl. auch Waagen's Kunstwerke und Künstler in Deutschland, 85. — in Paris 273.

**) In der Offenbarung (XII. 9) heisst es: Es wird hinabgeworfen jener grosse Drache, die alte Schlange, welche genannt wird der Teufel und Satan. S. hierüber Dr. Heider's romanische Kirche zu Schöngraben.

***) In dem bereits bezogenen Werke von Cahier und Martin finden wir hinreichende Beispiele von allen diesen symbolischen Darstellungen an den Krummstäben.

vom Alterthums-Vereine zu Wien veranstalteten Ausstellung*) mittelalterlicher Kunstgegenstände vorgewiesen wurden, wir werden für das Vorbesagte mehrere interessante Belege finden.

Innerhalb der von einem Schlangenleibe gebildeten und anfänglich so ziemlich allgemein üblichen, fast kreisrunden Krümmung des im Benedictiner-Stifte Göttweig befindlichen Stabes (dem XI. Jahrhunderte angehörig) finden wir zwei pfauenartige Vögel. Dieselben halten mit ihren Schnabel den Stiel eines Kreuzes, gegen welches der offene Rachen des Schlangenungethüms gerichtet ist. Am Pedum (XII. Jahrhundert) des Benedictiner-Stiftes Altenburg befinden sich inner der Krümmung zwei Vögel, von denen der obere, vielleicht die den heil. Geist vorstellende Taube, welcher, ein Kreuz im Schnabel haltend, himmelwärts steigt, von dem Rachen der Schlange bedroht wird. Inner der Rundung des romanischen Pedums des Salzburger Benedictiner-Nonnenstiftes am Nonnberge (XIII. Jahrhundert) zeigt sich das kreuztragende Lamm auf dem Schlangenleibe stehend. Auch hier streckt das Schlangenungeheuer seine rothe Zunge gierig gegen das Kreuz aus. Das mit diesem gleichzeitige Pedum aus dem Cistercienser-Stifte Zwettl hat zwar gegenwärtig innerhalb der mit der vorigen sehr ähnlichen, gleichfalls durch einen Schlangenleib gebildeten Curve eine einer jüngeren Zeit angehörige Gruppe, doch dürfte a s der mit dem Nonnberger Pedum fast gleichen Zeichnung der Schlangenkrümmung vermuthet werden, dass früher auch hier eine in der eben besprochenen Weise gehaltene symbolische Darstellung angebracht war. Wir finden somit in dreien der angeführten Krummstäbe denselben Grundgedanken, nämlich den Sieg des Glaubens über den als Schlange dargestellten Teufel, jedoch in verschiedner Weise ausgedrückt. Auch muss an dieser Stelle der an dem

---

*) Ueber diese Ausstellung vergl. Wiener-Zeitung 1860, p. 4588 u. f., enthaltend eine Besprechung derselben in 7 Artikeln von Dr. Heider, — Mittheilungen der Centr. Comm. 1861, eine Besprechung von K. Weiss, und Organ der christlichen Kunst, Jahrgang 1861, eine Besprechung von A. Essenwein.

aus dem XI. Jahrhunderte stammenden Pedum des Benedictiner-Stiftes Admont befindlichen Gruppe als hieher gehörig Erwähnung gethan werden. Inner der mit einem Schlangenkopfe endigenden Krümmung dieses Stabes steht ein geflügeltes Pferd (vielleicht ein Einhorn, dessen Horn bereits abgebrochen ist), welches ein Kreuz entweder im Maule zu halten oder zu benagen scheint. Dass die hier wahrscheinlicherweise beabsichtigte Darstellung eines Angriffes auf das Kreuz und einer etwaigen Vertheidigung desselben durch das pferdähnliche Thier so schlecht dargestellt ist, möchte ich blos dem Mangel an Kunstfertigkeit des Bildschnitzers zuschreiben, der sich möglicherweise damit zu begnügen schien, dass die beiden Thiere überhaupt dargestellt sind, und in ihrer Stellung gegen das Kreuz erscheinen.

Bei diesem Anlasse sei die Bemerkung erlaubt, dass im Allgemeinen der technische Kunstwerth dieser Kunstüberreste einer lange vergangenen Zeit, wenige Zweige des Kunsthandwerkes ausgenommen, ein so ziemlich geringer ist, wenngleich derlei Gegenstände dem Forscher immer hochwichtig und interessant bleiben, da sie einerseits eben so sehr und oft noch kräftiger, als Schriften, Zeugniss geben von dem Stande der geistigen Bildung, Anschauung und von der Kunstfertigkeit zu jener Zeit, aus welcher die Werke stammen, und anderseits die allmälige Entwicklung der Kunst kräftig kennzeichnen.

Oefter ist es der Fall, dass die Krümmung, obgleich sie auch aus einem Schlangenleibe gebildet wird, mit der Vorstellung inner derselben in fast mystischer Verbindung steht, wodurch die symbolische Deutung der Darstellung einigermassen schwierig wird. Beispiele dieser Art geben uns das romanische Pedum des Benedictiner-Stiftes St. Peter in Salzburg und jener Krummstab aus Lemberg, der sich auf der archäologischen Ausstellung zu Krakau im Jahre 1858 befand. Beide Stäbe gehören dem XII. Jahrhunderte an. Inner der aus einem Schlangenleibe gebildeten, zweimal gewundenen Krümmung des ersteren hält das Schlangenungeheuer ein zierliches Blatt von besonderer Form, bei dem anderen ein fischähnliches Thier im Rachen *).

Zu den selteneren Beispielen gehört es, wenn die Krümmung nicht die Form eines Thierleibes hat, sondern wenn überhaupt jede thierische Darstellung davon entfernt gehalten und dem Inneren der schneckenförmigen Krümmung eine andere, wenn auch gleichfalls symbolische Darstellung gegeben wurde, wie dies bei dem dem XII. Jahrhunderte angehörigen Stabe zu St. Wolfgang in Oberösterreich der Fall ist, dessen Krümmung zweigförmig gebildet ist und — als eine vorzügliche Darstellung des blühenden Stabes Aarons — mit einer herrlichen fünfblättrigen Blume endiget.

Von der um das XII. Jahrhundert fast allgemein geltenden Form der hakenförmigen Krümmung kommen nur höchst selten Abweichungen vor. Es scheinen solche Stäbe, deren oberes Ende in anderer Weise geformt ist, Reminiscenzen an die in den älteren Zeiten des Christenthums gebräuchlichen, rücksichtlich dieses Theiles verschiedenartig geformten Stäbe zu sein. Ein ausgezeichnetes Beispiel einer derartigen seltenen Form gibt uns das dem Anfange des XIII. Jahrhunderts angehörige Pastorale im Stifte Klosterneuburg. Dasselbe bildet statt der Krümmung einen vollständigen, dem Stabe aufgesetzten Ring, innerhalb dessen sich die Verkündigung Mariens darstellet. Da an diesem Pedum auch die Schlange angebracht erscheint, und zwar als Ringhalter dienend, so löst sich die Symbolik des Obertheiles dieses Stabes in die beliebte Vorstellung des Zertretens des Schlangenkopfes durch die heil. Jungfrau auf, womit das dahin bezügliche Hauptmoment aus dem Leben der Gottes-Mutter — die Verkündigung — in höchst sinnreiche Verbindung gebracht wurde **).

---

*) Im Mainzer Domschatze zeigt man ein Pedum mit broncenem und emailirtem Obertheile aus dem Ende des 11. Jahrhunderts, welches inner seiner mit einem Drachenkopfe endigenden Curvatura einen Mann auf einer Eidechse reitend darstellt, in deren Schweif der Drache beisst (Hefner l. c. 8).

**) Im Bamberger Domschatze befindet sich ein broncenes, emailirtes

VII.

Ein weiteres Ornament der romanischen Krummstäbe bilden die Inschriften an denselben. Wie schon erwähnt, war es üblich, an dem Pedum eine oder mehrere auf die Mission des Bischofs bezügliche Inschriften anzubringen, und wurden auch bereits einige derartige Beispiele bei einer früheren Gelegenheit angeführt. Von den eben besprochenen romanischen Krummstäben sind nur zwei durch ein derartiges Ornament ausgezeichnet. Doch bezieht sich der Inhalt beider Inschriften nicht mehr auf die Aufgabe des Bischofs, sondern bildet vielmehr den entsprechenden Text zu der in der Krümmung angebrachten Darstellung. Wir sehen in dieser veränderten Richtung des Aufschriften-Inhaltes gleichfalls eine Modification, welche im Verlaufe der Zeit mit dem Pedum vorging. So steht am Klosterneuburger Pedum die Umschrift: „Ave maria gratia" in voller Uebereinstimmung mit der dabei befindlichen Darstellung des englischen Grusses. Am Nonuberger Pedum, welches inner der Krümmung das Lamm Gottes enthält, lautet die Inschrift: „Salve regina misericordiæ — ave maria gratia dominus tecum." Da hier ebenfalls der das ganze Christenthum durchdringende Gedanke des vergeblichen Bekämpfens der Erlösung durch die Sünde dargestellt ist, so stimmt auch hier die Aufschrift an der Rundung mit der darinnen befindlichen Darstellung überein, indem die Worte der Verkündigung an die Gottes-Mutter gleichsam aus der typologischen Zeit des alten Bundes in jene des neuen Bundes als die der Erfüllung hinüberleiten.

Endlich ist hier eines weiteren Ornaments, nämlich jener am Aussenrande der Krümmung befindlichen Radial-Verzierung, Erwäh-

---

Pastorale aus dem XII. Jahrhundert, welches inner der Krümmung gleichfalls den engl. Gruss zeigt. Die unter einem Rundbogen stehende Maria tritt auf den Kopf der Schlange, aus deren Leib die Krümmung gebildet ist. Die Schlange scheint in einen aus dem Stabe unter der Curvatura herauswachsenden, roh gearbeiteten Zweig, vielleicht des Lebensbaumes, zu beissen. (S. Hefner l. c. I. 39, auch besprochen im Archiv der k. Akademie II. 529.)

nung zu thun. Es erscheinen anfänglich als Verzierung des Aussenrandes der aus der meist cilinderförmigen Fortsetzung des Schaftes gebildeten Krümmung nur kleine kugelartige Auswüchse angesetzt, wie dies bei den Stäben von St. Peter und Lemberg der Fall ist. Aus dieser beinahe nur angedeuteten Radial-Verzierung entwickelte sich im Verlaufe des XII. und XIII. Jahrhunderts eine durch dünne, blätterartige Krabben gebildete Verzierung, welche dem Aussenrande der nunmehr meistens aus einem vierseitigen Krümmungskörper gebildeten Curvatura strahlenförmig angefügt wurde. Beispiele hierfür finden wir an den Stäben von Zwettl, Klosterneuburg und Nonnberg.

VIII.

Noch erübriget uns Einiges über das Material des romanischen Bischofsstabes und seiner einzelnen Bestandtheile zu bemerken. Der Stoff, dessen man sich zu den Stäben bediente, war sehr verschieden. Selbst an einem und demselben Stabe finden wir die einzelnen Theile aus verschiedenen Stoffen angefertigt. Holz, Horn, Kristall, Eisen, Blei, Gold, häufiger aber Elfenbein, Kupfer, Bronce, Silber wurden hierzu verwendet. Holz diente grösstentheils zum Schafte, Kristall zum Nodus, Kupfer, Bronce und Silber zur Curvatura und nicht selten auch zum Nodus. Das Elfenbein benützte man theils zur Krümmung, theils und zwar häufiger erst im XII. und XIII. Jahrhundert zum ganzen Stabe. Das Kupfer wurde meist vergoldet oder mit farbigen Emails überzogen. Steine dienten als Verzierungen, kommen jedoch nur selten verwendet vor [*]).

Von den früher besprochenen Krummstäben finden wir jene von Göttweig, Admont und Altenburg theilweise aus Holz, theilweise aus Elfenbein verfertigt. Vollständig erhalten ist nur der Obertheil, (d. i. die Krümmung sammt Gruppe, der Nodus und das Verbindungs-

---

[*]) Wie z. B. an der Bronce-Krümmung des besprochenen Pedums im Dome zu Mainz aus dem XI. Jahrhundert, welches nebst Schmelzwerk mit eingesetzten Rhein-Kieselchen verziert ist. (Hefner l. c. Taf. 8.)

glied mit dem Schafte) des Admonter und Altenburger Pedums. Bei dem ersteren befinden sich zunächst der Krümmung zwei Noden von Elfenbein, bei dem anderen zwei von Kristall. Vom Göttweiger Pastorale existirt nur mehr die Curvatura, welche bei diesem, so wie bei den beiden oberwähnten Stäben aus Elfenbein gebildet ist. Der Schaft des Admonter Pedums ist von Holz.

Die Zusammensetzung des Stabes aus Holz und Bein und die Verbindung beider Stoffe durch einen oder mehrere Knäufe, die öfter aus einem dritten Stoffe, wie z. B. beim Altenburger Pedum aus Kristall, gebildet und nicht selten mit reicher Verzierung und Vergoldung versehen sind, ist nicht ohne Absicht geschehen. Das Bein sollte an die Strenge der Gesetze, das Holz an die Milde des Evangeliums, und der Knoten aus Kristall, als das Verbindungsglied beider an die Göttlichkeit unseres Erlösers erinnern. Bein sei die Härte, Holz die Nachgiebigkeit und Nachsicht, die der Bischof bei seinem Urtheile gleichmässig beachten soll.

Von dem XII. Jahrhundert an finden wir häufig für den Obertheil Bronce statt des Elfenbeines verwendet. Es ist dies der Fall bei den Stäben aus St. Wolfgang, aus St. Peter in Salzburg und aus Lemberg. Das Bronce erscheint sehr selten blank, meistens ist es mit jenen bunten Emails überzogen, die den Werken der romanischen Kunstperiode jenen besonderen und herrlichen Schmuck verleihen. Die Emails überdeckten häufig den ganzen Obertheil, und enthielten theils blos Ornamente, theils figürliche Darstellungen. So finden wir am Knoten des St. Wolfganger Pedums die Symbole der vier Evangelisten dargestellt, und an der Schafthülse des bronceuen Obertheiles am Pedum von St. Peter allerlei Arabesken in Email angebracht.

Im Verlaufe des XIII. Jahrhunderts erscheinen in grösserer Anzahl solche Stäbe, welche ganz aus Elfenbein gebildet sind, und an denen bereits Malereien, theils als blosse Ornamente, theils als Aufschriften vorkommen. Derartige ganz aus Elfenbein geschaffene Stäbe sind die von Zwettl, Klosterneuburg und vom Salzburger Nonnberge.

IX.

Gegen Ende des XIII. und Anfang des XIV. Jahrhunderts verlieren sich die zu Ornamenten verwendeten symbolischen Darstellungen inner der Krümmung, wie sich überhaupt an den meisten Kunstprodukten aus der damals beginnenden gothischen Periode eine gewisse Nüchternheit zeigt. Es wird der bei den Darstellungen in früherer Zeit leitende symbolische Gedanke, welcher sich in der Benützung des Schlangenmotives als symbolische Vertretung des Bösen im Kampfe gegen die mächtige Wahrheit des Glaubens am meisten ausgesprochen hatte, und hiermit auch die bisherige weitere Gepflogenheit, diese symbolischen Darstellungen für die Bildung der Krümmung und zur Ausfüllung der Rundung zuwenden, aufgegeben. Dagegen finden wir jetzt architektonische Verzierungen und zwar in zunehmender Menge verwendet, je mehr der Nachhall der romanischen Kunstperiode abnimmt. Früher war bei den Kleinkunstwerken die Symbolik, jetzt wurde die architektonische Einheit das Hauptziel des Künstlers.

So wie sich die Werke des gothischen Kunststyles von denen des romanischen wesentlich unterscheiden, eben so unterscheiden sich auch die ersteren Kunstwerke in formeller Beziehung untereinander rücksichtlich der Zeit ihrer Entstehung.

Obwohl an den Bischofstäben des XIV. Jahrhunderts bereits architektonische Zierwerke und Gliederungen vorhanden sind, obwohl ferner die während des Romanismus unterdrückte formelle Entwicklung vorwärts schreitet und an Bedeutung zunimmt, und obwohl endlich auch im Ganzen eine grössere und reichere Kunstausschmückung bemerkbar wird, so zeigt sich doch noch nicht jenes Haschen nach architektonischen Formen, wie dies später der Fall wird. Indem man die Verschiedenartigkeit der technischen Mittel aufgab, wurden die Stäbe fortan fast ausschliesslich und zwar meistens in allen ihren Theilen aus Edelmetall gebildet. Wird auch noch das Elfenbein verwendet, so dient es doch grösstentheils nur als Materiale für die Darstellungen inner der Krümmungen. Die Emails, die zwar ebenfalls noch in Anwendung bleiben, werden jedoch nur mehr in sehr untergeordneter Weise gebraucht. Die Volute wird aus einer einmaligen Biegung des oberen Stabendes gebildet, an der nicht selten Inschriften angebracht sind. Nach aussen ist die Krümmung sehr häufig mit Krabben verziert, die, obgleich sie nicht mehr so hoch und auch nicht mehr fast blattdünn sind, wie zu Ende der romanischen Kunstperiode, doch noch nicht den streng architektonischen Typus der Gothik an sich tragen, sondern mehr wie aus abgerundeten Schlingen gebildet aussehen. Die Darstellungen inner der Rundung sind meistens dem Leben Christi entnommen, und bestehen theils aus einzelnen Figuren, theils aus ganzen Gruppen; nicht selten finden wir Figuren von Engeln oder Heiligen. Häufig sind die Darstellungen je nach den beiden Aussenseiten des Stabes verschieden, und es scheint besonders beliebt gewesen zu sein, auf der einen Seite die Kreuzigung, auf der anderen die heil. Maria, umgeben von Engeln, darzustellen. Der Knauf hat nicht mehr die früher fast ausschliesslich übliche Kugelgestalt, sondern ist gedrückt, bisweilen eckig, was wir übrigens schon beim Zwettler Pedum angedeutet fanden.

Von Bischofstäben dieses Jahrhunderts, welche man nicht unpassend in Bezug auf die Werke des Kunsthandwerkes die Uebergangsperiode aus dem romanischen in den gothischen Styl benennen kann, besitzen wir in Oesterreich ein ausgezeichnetes Muster; es ist dies der Krummstab aus dem mährischen Benedictiner-Stifte Raigern, ein Werk von besonderer Zierlichkeit in seinen Einzelnheiten und von reichem Schmucke. Es zeigt sich an demselben die Kunst einerseits noch nicht ganz frei von den Reminiscenzen der romanischen Zeit, anderseits aber erst schwach berührt vom Einflusse der sich allgemein verbreitenden Gothik und den Ueberladenheiten der nächstfolgenden Zeit. Die Krümmung ist schlank und fast kreisrund, hat eine krappenartige Radialverzierung, bildet eine schwache Rückbiegung und ist gegen beide Seiten mit einer Aufschrift versehen. In der Rundung finden wir ein Doppelbild, nämlich auf einer

Seite ein Passionsbild, auf der anderen eine Marien-Gruppe*). Die Aufschrift befindet sich gleich den Stäben von Klosterneuburg und vom Nonnberge an den Aussenseiten der Krümmung, ist wie bei diesen blos religiösen Inhaltes und mit den beiderseitigen Darstellungen inner der Krümmung im Zusammenhange stehend. Der Obertheil des Raigerner Pedums ist aus vergoldetem Kupfer gebildet, und scheint an einem hölzernen Schaft befestigt gewesen zu sein.

In der Reihe der am Schlusse folgenden Darstellungen inländischer Krummstäbe befindet sich auch das Pastorale der Aebtissin des St. Georgsklosters am Hradschin zu Prag. Dasselbe stammt aus dem Jahre 1303, hat aber durch wiederholte Renovirungen bedeutend gelitten. Es erinnert in seinen Hauptformen und in den Ornamenten auffallend an die Werke der romanischen Periode, was sich auch durch dessen Entstehungszeit, als den Anfang des XIV. Jahrhunderts, leicht erklärt. Die Inschrift hingegen ist sowohl mit Rücksicht auf ihren Inhalt und die Stelle, wo sie angebracht ist, von der Art, wie sie erst im nachfolgenden Jahrhundert allgemein üblich wurde. Ihr Inhalt ist ganz und gar ohne religiöse Beziehung, und bezeichnet blos den Geber, die beschenkte Aebtissin nebst Angabe des Jahres der Anfertigung. Statt an den beiden Flachseiten der Volute, wie diess zur Zeit der romanischen Kunstperiode üblich war, ist die Inschrift unterhalb des Nodus angebracht. Die Krümmung ist von Silber, kreisrund, anfangs stark nach rückwärts gebogen und ohne irgend eine Randverzierung. Inner der Volute befindet sich eine Gruppe von Silber, den heil. Georg im Kampfe mit dem Drachen vorstellend.

---

*) Mit Rücksicht auf diese Doppelgruppe darf hier ein romanisches Pedum des Domschatzes zu Metz vom Anfange des 14. Jahrhunderts nicht unerwähnt bleiben. Dasselbe ist ganz aus Elfenbein verfertigt. Die geschlossene Krümmung wird aus einem mit reliefartigen Blättern gezierten Zweige gebildet, inner welchem sich eine Doppelgruppe befindet, welche eine der obigen gleiche Darstellung enthält. Unmittelbar unter der Krümmung zeigt sich ein knieender Engel. Der Nodus ist nicht heraustretend und wird durch eine reichverzierte romanische Säule

X.

Einen gewaltigen Umschwung, ob zu ihrem Vortheile ist noch die Frage, machte die Ornamentik der Krummstäbe im weiteren Verlaufe der gothischen Stylperiode, nämlich im XV. Jahrhundert, zu welchem Umschwunge wohl schon im vorhergegangenen Säculum der Anlauf genommen wurde. Wir finden die Krummstäbe gleich den meisten Producten des Kleinkunsthandwerkes, die fast alle bisher noch Spuren des romanischen Styles an sich trugen, jetzt der vollen Einwirkung der Gothik preisgegeben. Leider war es nicht mehr jene reine edle Gothik, sondern nur die ihrem Verfalle zueilende. Bereits überwucherten die Formen so sehr die einzelnen Theile, dass dadurch blos das architektonische Element mit ihren Ausschreitungen und Verbildungen, alles andere verdrängend, in den Vordergrund tritt. Der geistige Gehalt wird zusehend ärmer, das rein Aeusserliche erscheint im vollen Uebergewichte.

Wenn wir die Grundform der dieser Zeit angehörigen Krummstäbe betrachten, so finden wir zum Theile in der Art der Krümmung, vorzüglich aber im Nodus einige nicht unbedeutende Aenderungen. Denn, obgleich noch Beispiele von der früher üblichen Krümmungsform, bei welcher der Stock sich über dem Nodus gerade fortsetzt, und erst sodann in die abwärts gebogene Volute übergeht, wodurch die Schnecke mehr oval, als rund wird, erscheinen, so

---

sammt Capitäl repräsentirt. (S. Becker und Hefner, Kunstwerke und Geräthe des Mittelalters II. 8. Cahier und Martin l. c. 245.) In den vereinigten Samulungen in München wird ein Elfenbein-Pedum aus der Mitte des 14. Jahrhunderts aufbewahrt, welches inner seiner Krümmung die Krönung Mariens mit sitzenden Figuren zeigt. (Becker l. c. II. Taf. 51.) Inner der bronceneu, reich mit Emails geschmückten, in der Falke'schen Sammlung zu London befindlich gewesenen Curvatura von einem dem 14. Jahrhundert angehörigen Pedum aus Hildesheim befindet sich eine der oben erwähnten ganz gleiche Doppelvorstellung. (Catalogue of the magnificent collection of works of art and vertu von Dr. Falke 1858.)

kommt doch bereits auch jene Sichelform vor, welche bis zur Gegenwart üblich ist und dadurch gebildet wird, dass die Curvatura sogleich bei ihrer Entwicklung über dem Nodus mittelst einer scharfen Biegung zurücktritt, und hierdurch die nach aufwärts gerichtete Rundung einleitet. Nach Aussen ist die Curve mit Krabben und zwar mit solchen, welche den Principien der damaligen Gothik entsprechen (Knospen und Kreuzblumen), geschmückt. Oefter vertreten die Stelle der Krabben kunstreich ornamentirte Blattverzierungen, welche der Form derselben nahekommen. Der bisher übliche figuralische Schmuck inner der Krümmung verliert sich jetzt fast ganz, und nur in ziemlich seltenen Exemplaren finden wir daselbst figuralische Darstellungen, die dann wie auf einem Consol stehend oder aus einem Blumenkelche herauswachsend angebracht sind. Diese Fälle abgesehen, füllen meistens architektonisch behandelte Pflanzenformen den Raum inner der Krümmung aus.

Mit grösstem Nachdrucke warf sich die Gothik auf den Schmuck des Nodus. Statt des einfachen anfangs fast kugelrunden, sodann vielkantigen Knopfes erscheint eine oft ziemlich grosse und hohe gothische Capelle, verziert, ja nicht selten überladen mit allen der Gothik zu Gebote stehenden Zierwerken; wir finden daran spitzbogige, durchbrochene Fenster mit Maasswerken, Streben mit Fialen, Console mit Figürchen und Baldachinen etc. Stellt man die Frage, was an solcher Stelle dieser Bau zu thun habe, so würde man kaum im Stande sein, eine stichhältige Antwort darauf zu geben. Denn betrachtet man diese architektonischen Gebilde nur an und für sich, abgesehen von ihrer Anwendung am Krummstabe, so muss man es als eine Verirrung bezeichnen, das Metall, welches unter dem Drucke seines Formers alle Bildungen zulässt, zu welchen diesen sein Kunstgefühl anleitet, nach den statischen Gesetzen der Schwere, wie einen Steinbau zu behandeln. Wir können deshalb dem Ausspruche Dr. Heider's vollkommen beipflichten, dass die Gothik keinen genügenden Anstoss und Spielraum für freie Ornamentationen bot, wie sie eben dem Gebiethe der Kleinkünste bei deren gesunder Entwicklung Bedürfniss sind*). Die Gothik behandelte alle ihre Kunstprodukte nach gleichen Formenprincipien und erreichte daher nie die Reichhaltigkeit der romanischen Kunst.

Die an den Stäben des XV. Jahrhunderts befindlichen Inschriften sind von geringem religiösen Gehalte, bilden mehr eine historische Notiz und sind grösstentheils am Schafte unterhalb des Nodus angebracht.

In der relativ gelungensten Weise hatte die Gothik ihre Aufgabe an dem silbernen Pedum von St. Peter in Salzburg (1478) gelöst. In demselben besteht, abgesehen von einer ausserordentlichen Technik, noch ein gewisses künstlerisches Ebenmaass zwischen der ornamentalen und architektonischen Behandlung, und zwar werden Architektur und Ornamentik fast nur an jenen Stellen angewendet, die sich hiezu eben eigneten. Einen weiteren Beleg für die zierlichen Leistungen der Gothik an den Krummstäben gibt uns der in seiner Art nicht minder gelungene silberne Stab (1471) aus dem Benedictiner-Nonnenstifte am Nonnberg gleichfalls in dem an Kunstschätzen reichen Salzburg. Die Krümmung hat an beiden Stäben die in diesem Absatze zuerst bezeichnete Form, die darin besteht, dass aus dem Nodus sich ein geradliniger Stiel entwickelt, der erst in einiger Entfernung von diesem durch eine plötzliche Abwärtsbiegung die Volute bildet. Inner der Krümmung befindet sich beim ersteren Pastorale die heil. Katharina, bei dem anderen eine jedoch jüngere, spitzovale Einlage mit der Kreuzigung im Relief. Der capellenartige Nodus ist bei beiden prachtvoll und reich verziert. Hieher gehört auch der etwas jüngere Krummstab aus dem Wiener Domschatze, welcher einen sehr zierlichen Capellenbau statt des Nodus hat, und inner der Krümmung die Gottes-Mutter aus einer Blume herauswachsend zeigt.

Nicht unerwähnt soll hier das silberne und vergoldete Pedum der Domkirche zu Zara aus dem Jahre 1460 bleiben. So wie das

---

*) S. Wiener-Zeitung l. c. p. 4720.

Klosterneuburger Pedum in der Reihe der romanischen Bischofstäbe, so macht dieses in der Reihe der gothischen rücksichtlich der Form des Obertheils eine interessante Ausnahme. Allein ausserdem, dass dasselbe statt der Schnecke mit einem Ringe endiget, wird uns dieses Pedum auch dadurch noch wichtig, dass an demselben das bereits lange ausser Anwendung gekommene Schlangenmotiv neuerdings wieder angewendet ist, indem die fast ringförmige Krümme aus dem reich ornamentirten Leib einer Schlange gebildet wird. Inner dem Ringe befinden sich die beiden Landesheiligen Dalmaticus, Donatus und Anastasia, und aussen herum statt der Knorren die Brustbilder einiger Apostel und Propheten, an der obersten Stelle Gott-Vater. Die Stelle des Nodus vertritt ein grosser, zweistöckiger, gothischer Thurmbau, das himmlische Jerusalem darstellend *).

Aus dem XV. Jahrhundert mag auch die Zeichnung jenes Krummstabes stammen, welche in den Mittheilungen der k. k. Central-Commission III. 190 veröffentlicht wurde. Wir sehen daran statt des Nodus eine zierliche Capelle, die mit Spitzbogen, Fialen, Giebeln und Kreuzblumen reich ausgestattet ist. Inner der Krümmung zeigt sich als vordere Gruppe die Krönung Mariens**).

XI.

So wie im XV., eben so im Anfange des XVI. Jahrhunderts und zwar damals noch schärfer hervortretend, war der Einfluss der sich schon rasch verflachenden Gothik, welcher die Goldschmiedekunst zu einer lästigen Ueberfülle der Formen verleitete. Die zwischen dem Schafte und der Krümmung vermittelnden Knäufe gehen meistens statt in eine Capelle in eine oft reichverzierte, vier- oder sechseckige Säule

---

*) Jahrbuch der k. k. Centr. Comm. V. 174.

**) Hierher gehört auch ein interessanter gothischer Stab, einem Oelgemälde entnommen, abgebildet in Hefner's Trachtenbuch II, T. 56.

über, die sich nach unten consolenartig abschloss, und nach oben mit Giebeln gekrönt war ***).

***) Beispiele von Krummstäben im besprochenen Geschmacke des XV. und XVI. Jahrhunderts haben wir in bedeutender Menge, und es seien daraus nur folgende hervorgehoben: Ein Pedum mit einfacher Rundung und dreilappiger Blume in der Mitte am Monumente des Freisinger Bischofs Berthold Wähinger, † 1410 in Klosterneuburg; das Pedum des heil. Wolfgang als Abt von Mondsee (abgebildet in den Quellen und Forschungen p. 155); das Pedum am Monumente des Bischofs Engelbrecht von Wr.-Neustadt, † 1491, in der Frauenkirche daselbst (Berichte und Mitth. des Wiener Alterth. Ver. III. 324); der Krummstab in dem Schatze der ehemaligen Benedictiner-Abtei zu Deutz (dem Ende des XV. Jahrhunderts angehörig). Er erinnert sehr an das erwähnte Pastorale von St. Stefan, auch der Knauf zeigt ein architektonisches Ornament von Gestalt einer Capelle. In den verzierten spitzbogigen Nischen stehen Heiligenfigürchen. Die Krümmung bildet eine einfache, im Beginne etwas zurücktretende Schnecke, deren Aussenrand radial mit knospenartigem Zierwerke belegt ist. Im Inneren befindet sich in einem Blumenkelche stehend auf der einen Seite das Standbild der Himmelskönigin mit dem göttlichen Knaben, auf der anderen Seite das einer heil. Märtyrin (Bock l. c. Taf. XXIII. S. 83.). — Das Pedum am Prachtmonumente des Cardinals Friedrich im Dome zu Krakau vom Jahre 1510. (S. Förster, Denkmale der deutschen Baukunst, Bildnerei und Malerei.) — Das Pedum am Monumente des Bischofs Slatkonia, † 1522, in der St. Stefanskirche zu Wien, woran bereits eine grosse sichelförmige Krümmung und ein hoher sechseckiger, mit Figuren gezierter Nodus zu bemerken ist. (S. Ogesser: Beschreibung der Metropolitankirche von St. Stefan s. 213. Das Monument befand sich im linken Seitenchor, ist aber leider seit dem J. 1861 daraus entfernt worden.) Das Pedum am Monumente des Probsten Virgilius Kanzler zu St. Stefan in Wien, † 1503. Das Pastorale am Prachtmonumente des Bischofs Theodorich, † 1530, in der ehemaligen bischöflichen Kirche zu Wiener-Neustadt, mit einem grossen capellenartigen Knaufe, grosser Curvatura, die einen offenen Granatapfel in der Mitte zeigt, und mit starken Knorren am Rande. (S. Abbildung in den Berichten und Mitth. des Wiener Alterth. Vereines III. Taf. IX. p. 323.) — Der Krummstab am Monumente des Bischofs Angerer, † 1548, gleichfalls in Wiener-Neustadt. l. c. III. 321.

Aus dem Anfange des XVI. Jahrhunderts stammt der capellenartige Nodus des ebenfalls im Jahre 1860 in Wien ausgestellt gewesenen Bischofstabes aus der Domkirche zu Kirchdrauf in Ungarn *).

Neue Bildungen rief die Renaissance an's Tageslicht. Sie stellte sich die Aufgabe, mit der Pracht grossartiger und kostbarer Mittel zu wirken, und löste dieselbe anfänglich mit vielem Geschicke. Der ebenfalls ausgestellt gewesene dritte Krummstab von St. Peter **), welcher dem XVII. Jahrhundert angehört, und die Krümmung des bereits erwähnten Kirchdraufer Pastorales, beide mit schwerfälligen grossen Voluten, sind Producte dieser Kunstrichtung, können uns jedoch keinen Ersatz für die Werke der vorhergegangenen Kunstperioden biethen. Nur mit Bedauern kann die Geschmacksrichtung jener Zeit zur Kenntniss genommen werden.

XII.

Bevor wir zur Betrachtung der einzelnen, bisher bekannten inländischen, mittelalterlichen Bischofsstäbe schreiten, erübriget uns noch eines Tüchelchens zu gedenken, das mit sehr vielen Stäben

---

— Das Pedum am Prachtmonumente des Bischofs Georg Ueberacker, † 1577 zu Seckau. Es zeigt eine einfache Krümmung mit einer Ausbiegung nach unten. Der Aussenrand ist mit Krabben besetzt, die Mitte der Krümmung wird durch ein reiches Blattornament ausgefüllt. (S. Mitth. der k. k. Centr. Comm. III. 192.) — Ferner die Krummstäbe an den Monumenten der Prälaten Wolfgang von den Schotten † 1562, Thomas Rueff, † 1612, und Andreas Mosmüller, † 1629 zu Klosterneuburg.

*) Ausgestellt unter Nr. 110 des Ausstellungs-Kataloges. Dieses silberne, theilweise vergoldete Pedum enthält nur diesen einen interessanten Theil, der von einem aus spätgotischer Zeit stammenden Stabe herrührt; alle übrigen Theile sind jünger und im Geschmacke der Renaissance gebildet. Diese statt des Nodus angebrachte Capelle ist von sechseckiger Grundform; in den sechs Nischen stehen je zwei 1″ 5‴ hohe zierliche Apostelfigürchen.

**) Ausgestellt unter Nr. 111 des Kataloges.

im Mittelalter verbunden war, und über dessen Bestimmung selbst bis jetzt noch nicht vollkommene Sicherheit herrscht.

Bekanntlich haben die Aebte und Aebtissinnen das Recht, sich nebst anderen der bischöflichen Würde entlehnten Abzeichen auch des Pastorales zu bedienen. Bereits frühzeitig im christlichen Mittelalter finden wir, dass den Aebten bei ihrer Benediction der Stab ertheilt wird, obgleich einigen Aebten und Aebtissinnen ausdrücklich dessen Gebrauch untersagt war [*]).

[*]) Selten bekamen die Klostervorstände gleichzeitig mit der Gründung ihres Klosters das Recht, sich des Pastorales zu bedienen. Die Pröbste von Klosterneuburg führen den Krummstab erst vom Probste Marquard I. (1142—1167) angefangen. (S. kirchl. Topogr. Decanat Klosterneuburg I. p. 24). Im Jahre 1242 erlaubte der Erzbischof Eberhard II der schon früher bei dem Papste Gregor IX. für die Aebte von Admont und St. Peter den Gebrauch der Pontificalien erwirkt hatte, auch der damaligen Aebtissin Gertraud II. und allen ihren Nachfolgerinnen des Benedictiner-Nonnenstiftes am Salzburger Nonnberge sich des Pastorales bedienen zu dürfen (utatur virga s. baculo pastorali; s. Jahrbuch der k. k. Centr. Comm. II. 12). Der ehrende Schmuck der Pontificalien wurde im J 1287 dem Schottenabte Wilhelm II. in Wien und seinen Nachfolgern vom Pabste Honorius IV. zugesichert (Hauswirth, Abriss einer Geschichte der Schottenabtei in Wien 1858, p. 13). Zu Anfang des XIV. Jahrhunderts wurde der Aebtissin des Nonnenstiftes zu St. Georg am Hradschin in Prag die Auszeichnung des Pastorales zu Theil. Im Jahre 1388 erlangte Abt Franciscus des aufgehobenen Praemonstratenser-Klosters Mühlhausen in Böhmen für sich und seine Nachfolger vom Pabste Urban VI. die Auszeichnung des Krummstabes. (Mitth. der k. k. Centr. Comm. VII. 13). Erst im Jahre 1538 widerfuhr dem Abte Simon des gegenwärtig aufgelösten Benedictiner-Stiftes Klein Maria-Zell die Auszeichnung, dass er vom Pabste Paul III. für sich und alle seine Nachfolger das Privilegium erhielt, sich des bischöflichen Schmuckes bedienen zu dürfen. (Kirchl. Topogr. I. V. 39.)

Der Abt von Zwettl scheint fast gleichzeitig mit der Gründung des Klosters dieses Recht erhalten zu haben, denn um die Mitte des XII. Jahrhunderts schenkt diesem Kloster Abt Adam von Ebrach einen und zwar den bereits früher erwähnten elfenbeinernen Krummstab. Die Aebte von Lilienfeld und Neukloster führen seit dem Bestehen ihrer Klöster (1206—1444) den Krummstab.

Aber keineswegs erhielt der Abt mit dem Pedum auch die bischöfliche Jurisdictions-Gewalt, sondern es sollte dieses bischöfliche Attribut in der Hand des Abtes nur anzeigen, dass ihm als Klostervorstand die Gewalt über sein Kloster ertheilt ist. Die Insignien des Bischofs sind dem Abte blos als Ehrenzeichen zugestanden. Uebt auch der Abt einige bischöfliche Rechte aus, wie z. B. das Recht der Glockenweihe etc., so geschieht dies nur in Folge Uebertragung von Seite des Bischofs *).

Da somit der Krummstab für den Abt und die Aebtissin nur ein Ehrenzeichen ist, so sollte dies auch äusserlich erkennbar sein, sowohl durch die Art des Tragens des Pastorales, als auch durch ein mit demselben verbundenes äusseres Kenntzeichen. Das Kenntzeichen im Tragen des Stabes sollte darin bestehen, dass die Krümmung des Abtstabes gegen die Schultern, die des Bischofstabes nach aussen gerichtet sei, da das Hirtenamt des Ersteren sich nur auf dessen Kloster, das des Letzteren hingegen sich auf die ganze bischöfliche Gemeinde bezieht.

Das äussere Erkennungszeichen des Abbatial-Stabes bildete ein schmales, leinenes Tüchelchen (sudarium, orarium, panisellus), welches in verschiedener Weise unter der Krümmung befestigt, davon lose herabhing. Als Befestigungsart finden wir sehr häufig die einfachste Modalität, nämlich dass es unter der Krümme mittelst eines Bandes angebunden war. Oft hing es an einem kleinen dreieckigen, reichgestickten Tuchlappen, der selbst wieder an dem Stabe angebunden war, wovon sich ein Muster in Salzburg (St. Peter) befindet. Bisweilen war dieses Dreieck statt von Tuch, von Metall, oder es

---

* Cahier und Martin führen in ihrem erwähnten Aufsatze (pag. 149—151.) mehrere hierauf bezügliche Belegstellen an. Dergleichen sind: Orario aut sudario non ornatur baculus episcopalis, quo insigni abbatis ab illo distinguitur. In abb..is ordinatione episcopus... dat baculum. (Theodor, Erzbischof von Canterbury.) Per baculum pastoralem, ut eo tempore moris erat, coenobii curam commissit. (Du Cange l. c. glos v. baculus.) Adde, quod baculo episcopali non sit addendum, sudarium s. orarium sed Abbatiali. (Molanus c. 41.)

war am Stabe ein Haken oder ein Oehr zunächst des Nodus *) angebracht, wie dies beim silbernen Nonnberger-Stabe der Fall ist **). Nicht selten war nebst dem leinenen Tüchlein noch ein zweites an derselben Stelle angebracht. Dieses hatte dann eine geringere Länge, war aus kostbarem Stoffe gemacht und reich verziert. Mittelst des weissen Tüchleins ergriff der Abt oder die Aebtissin den Stab, das andere hing frei herab. Von derlei Sudarien haben sich nur äusserst wenige Exemplare erhalten ***).

Obwohl der Gebrauch des Sudariums, wie bereits erwähnt, blos den Aebten und Aebtissinnen gestattet war, so scheint doch hiermit die Wirklichkeit in einigem Widerspruche zu stehen, denn abgesehen, dass im Domschatze zu St. Veit in Prag laut eines Schatzverzeichnisses von 1387 das Vorhandensein von derlei Sudarien constatirt ist ****), so finden wir ohne Unterschied bei Abbildungen von Bischöfen, Aebten und Aebtissinnen das Sudarium an den Krummstäben theils angebracht, theils weggelassen †).

---

*) Beim Raigerner Pedum waren unter dem Nodus einige Oehre angebracht.
**) Das Sudarium des bereits erwähnten Stabes am Monumente des Bischofs Theodorich zu Wiener-Neustadt hängt an einem mit einem Christuskopfe gezierten Dreiecke, welches unter dem Knopfe des Stabes angebunden ist. Bei dem Pedum am besprochenen Monumente des Seckauer Bischofs Georg ist das Sudarium mittelst eines runden Gegenstandes an der Curvatura befestigt.
***) S. Bock l. c. Taf. XVII. F. 68.
****) S. Bock l. c. Schatz von St. Martin p. 17 und Mitth. der k. k. Centr. Comm. Item panisellus... pendens in curvatura, primus est de perlis cum nodis argenteis deauratis habens imaginem Christi. Item secundus panisellus cum perlis et tribus nodulis perlarum.
†) Als Beleg hiefür seien beispielsweise hervorgehoben: der besprochene Holzschnitt, den heil. Wolfgang vorstellend (Quellen und Forschungen), die Monumente der Wiener und Wiener-Neustädter Bischöfe, des Seckauer Bischofs Georg, der Aebte und Aebtissinnen bei den Schotten in Wien, in Klosterneuburg, Göttweih, Neuberg, Göss etc., an denen abwechselnd ohne Festhaltung eines Grundsatzes Sudarien theils angebracht sind, theils

Mit Nachfolgendem geben wir eine kurze, mit Abbildungen versehene Beschreibung der früher in Betrachtung gezogenen, in dem österreichischen Kaiserstaate befindlichen, romanischen und gothischen Krummstäbe.

I. Pastorale früh-mittelalterlicher Form, aufbewahrt im Schatze des Benedictiner-Stiftes St. Peter in Salzburg.

Fig. 1.

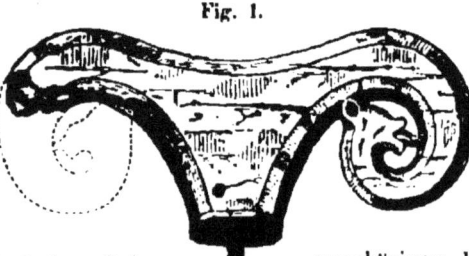

Dieses Pastorale, (Fig. 1) welches der Tradition nach vom hl. Rupert, Bischof von Salzburg herrührt, hat im Ganzen eine Höhe von 3′ 8″ 10‴. Der Schaft, welcher eine Länge von 3′ 5″ 8‴ hat, ist von Holz; doch sind wir nicht in der Lage, dessen Art bestimmen zu können. Derselbe ist achteckig, glatt und verjüngt sich etwas gegen abwärts. Das untere Ende steckt in einer kupfernen, vergoldeten Hülse, die mit einer langen Spitze versehen ist. Das obere Ende des Schaftes ist durch einen kupfernen, wahrscheinlich dem Ende des XIII. Jahrhunderts angehörigen Reif verziert, welcher in seiner grössten Breite 2″ messend, nach abwärts vier durch horizontale Linien von einander getrennte Spitzen bildet. (Fig. 2.) Diese mit Silber überzogenen Reife zieren ciselirte Arabesken von zweierlei Zeichnung, welche mit einander abwechselnd, in acht Feldern angebracht sind, ferner zwei Reihen von Inschriften, wovon sich die eine am oberen und die andere am unteren Rande

---

mangeln. Endlich seien auch die Zeichnungen der Meinrads- (Einsiedeln 1861) und der Hedwigs-Legenden erwähnt, bei denen die Abbatial-Stäbe mit dem Sudarium nicht versehen sind. Vergl. auch Hefner l. c. III. 55. 97.

befindet. Die erstere enthält den bei Aufschriften so häufig vorkommenden Gruss des Erzengels Gabriel an Marien: † Ave Maria gratia p(lena), die untere Zeile die folgenden sechs Worte: cra | s. da | bor. | non | hod | ie. a | mor. | vin. *)

Fig. 2.

II. Romanischer Krummstab im Benedictiner-Stifte Göttweig in Nieder-Österreich aus dem XI. Jahrhundert.

Von demselben ist nur mehr die elfenbeinerne Krümme (Fig. 3) vorhanden. Der Original-Schaft ist verloren gegangen und gegenwärtig durch keinen anderen mehr ersetzt worden. Die fast kreisrunde Krümmung, welche im Durchmesser 4" 4‴ misst, wird durch einen ein- und einhalbmal gewundenen Schlangenleib gebildet. **)

Obwohl der Rest dieses Stabes in künstlerischer Beziehung von wenig Bedeutung ist, so ist er von um so grösserer Wichtigkeit rücksichtlich der an demselben befindlichen, nach den beiden Aussenseiten sehr flach gearbeiteten Darstellung inner der Krümmung. Daselbst befinden sich zwei Vögel mit stark emporgerichteten Schweifen, (Pfauen nicht unähnlich, vielleicht auch Tauben?), deren Gattung sich aus der Kunstform selbst nicht bestimmen lässt. Sie

---

*) Den Sinn dieser abgekürzten Inschrift zu entziffern, ist uns nicht gelungen.

**) Ausgestellt gewesen in der grossen archäologischen Ausstellung des Alterthums-Vereines zu Wien im Jahre 1860 unter Nr 100. Abgebildet im Archiv z. Kunde österr. Geschichte Jhrg. 1850. p. 528 und i. d. Mittheilungen der k. k. Centr. Comm. II. 260.

stehen gegen einander gewendet auf dem Schlangenleibe der Krümmung, und haben ihre Hälse in einander verschlungen. Beide Vögel halten gemeinschaftlich mit ihren Schnäbeln den Stiel einer in die Höhe gerichteten, kreuzartig geformten und durchbrochenen Pflanzenbildung, gegen welche der oberhalb angebrachte Rachen der Schlange geöffnet ist.

Fig. 3.

Die Auslegung der Darstellung ist je nach der Art der beiden Vögel eine verschiedene, indem es nur der Symbolik der den heil. Geist vorstellenden Taube entspricht, wenn man eine Vertheidigung des Kreuzes durch die Tauben annimmt, während, in dem Falle, als die beiden Vögel Pfauen vorstellen, was wahrscheinlicher ist, die Annahme des Bekämpfens des mittelst des Kreuzes repräsentirten Christenthums durch diese Thiere in Gemeinschaft mit der Schlange mehr Wahrscheinlichkeit für sich hat.

Eine Eigenthümlichkeit in der Darstellung der beiden Vögel besteht darin, dass jeder derselben in der Mitte durchlöchert ist, was jedoch wahrscheinlich nur als eine Verzierung anzusehen ist, und keine besondere Bedeutung haben dürfte. *)

III. Romanischer Krummstab des Benedictiner-Stiftes Admont in Steiermark aus dem XI. Jahrhunderte.

Die ganze Krümmung und die beiden Noden des Stabes sind von Elfenbein, der mit dem Obertheil nicht gleichzeitige Schaft und

---

*) Es dürfte hier passend sein, der Titelvignette zu erwähnen. Sie soll uns die Handhabung des Pastorales durch den Bischof zeigen. Die Zeichnung wurde dem Siegel des Salzburger Erzbischofes Rudolph (1267) entnommen. Bemerkenswerth ist an dem daselbst befindlichen romanischen sonst ganz schmucklosen Pedum das Krümmungsende, welches durch den Oberleib eines geflügelten Drachen gebildet wird.

das Vermittlungsglied der beiden Noden sind von Holz. Die Curvatura hat im Durchschnitte 3" 6'". Der untere Nodus ist ganz einfach und hat eine kugeliche oben und unten etwas abgeplattete Form. Der zweite, etwas kleinere Nodus ist in einiger Entfernung über dem ersteren angebracht, und aus diesem entwickelt sich unmittelbar die nicht ganz einmal gewundene Schnecke, deren sich allmählig verjüngender Krümmungskörper an den beiden Aussenseiten mit grösseren und kleineren kreisrunden und theilweise schwarz gebeizten Vertiefungen in ziemlich roher Weise verziert ist, und mit einem nach aus- und abwärts gerichteten Schlangenkopfe endiget. (Fig. 4).

(Fig. 4.)

Interessant ist die im Innern der Krümmung befindliche, leider bereits gebrochene, in naiver Weise gearbeitete Gruppe. Sie stellt ein geflügeltes, ganz ruhig stehendes Pferd vor, dessen Maul ein sehr ornamental gehaltenes Kreuz berührt. Auf dem Flügel zeigen sich einige Verzierungen.

Möglich ist es, dass dieses, gegenwärtig ein Pferd vorstellende Thier ursprünglich ein Einhorn war, und erst in Folge der sichtbaren, nicht unbedeutenden Beschädigungen, zum Pegasus wurde. Gewiss ist es aber, dass, gleich wie die Unterlage des Kreuzes unkenntlich ist, auch dieser Gruppe jeder Ausdruck fehlt, daher wir uns hier nur auf unsere, Seite 15, ausgesprochene Ansicht berufen müssen *).

---

*) Ausgestellt gewesen in Wien unter Nr. 101.

IV. Romanischer Krummstab des Benedictiner-Stiftes Altenburg in Nied. Österreich aus dem XII. Jahrhundert.

Von diesem Pastorale*) ist nur noch der Obertheil, bestehend aus der elfenbeinernen, einmal gewundenen Krümmung und zwei Noden nebst deren Vermittlungsgliede, (Fig. 5.) erhalten. Inner der fast kreisrunden Krümmung, welche 4" 6‴ im Durchmesser hat, zeigen sich zwei über einander gruppirte Vögel, wovon der untere, welcher auf dem Schlangenleibe steht, wahrscheinlich ein Pfau, an einem Blumen-Ornamente zehrt. Der zweite Vogel, unzweifelhaft eine Taube, steht mit einem Fusse auf dem Rücken des Ersteren, hält sich mit dem anderen an dessen Halse fest, breitet die Flügel, wie zum Fluge aus, und trägt in seinem Schnabel ein zierlich geformtes Kreuz, gleichsam als wollte er dasselbe in die Höhe tragen, und gegen jeden Angriff schützen. Gegen diesen Vogel ist der das Ende der Krümmung bildende geöffnete Schlangenrachen gerichtet. Wir sehen in dieser Gruppe sinnbildlich den Angriff des Bösen gegen das Christenthum und durch die Taube, die das Kreuz trägt, den heil. Geist, welcher die gläubigen Christen im Kampfe gegen die Sünde kräftiget, dargestellt.

Fig. 5.

---

*) Ausgestellt unter No. 104. Abgebildet im Archive für Kunde der österr. Gesch. Jahrgang 1850. 528 und i. d. Mittheil. der k. k. Centr. Com. II. 260.

Die beiden Noden sind von Kristall. Der obere ist ziemlich flach und von poligoner Form, der untere rund, aber nicht ganz kugelförmig. Zwischen beiden Noden befindet sich ein kleiner Kristallcilinder, der oben und unten mit einem Metall-Reifen eingefasst ist. Sowohl die beiden Reifen, als auch das innerhalb des Cilinders befindliche Verbindungsstück der beiden Noden sind mit bunten Emails geziert.

V. Romanischer Krummstab des Benedictiner-Stiftes St. Peter in Salzburg aus dem XII. Jahrhundert.

Derselbe (Fig 6) ist vollständig erhalten. Der Obertheil ist aus Bronze, der Schaft aus Holz und mit rother Farbe bemalt, die aber gegenwärtig fast ganz verschwunden ist. Durchmesser der Krümmung 3" 8'". Die mit dem bronzenen Obertheile verbundene Hülse, bestimmt zur Befestigung desselben am Schafte, ist mit Ornamenten in Email und den eingravirten Halbfiguren zweier Engel auf blauem Grunde geziert. Der kugeliche, gegen oben und unten etwas gedrückte Nodus zeigt zwischen Arabesken in durchbrochenen Rundungen Thiergestalten mit menschlichen Köpfen.

Fig. 6.

Oberhalb des Nodus befindet sich eine kleine Krone von spitzen Blättern gebildet, aus welcher der sehr zarte, fast cilindrische Krümmungskörper emporsteigt, welcher an zwei Stellen gebrochen ist, und eben nicht auf die zierlichste Weise reparirt wurde. Die gegen vorwärts gebogene offene Krümmung wird durch einen dünnen, sich allmählig verjüngenden, zweimal gewundenen Schlangenleib gebildet, der an den beiden Aussenseiten mit einem zierlichen, romanischen Bandornamente in Email geschmückt ist. Ausser dieser emailirten Stelle zeigt das Übrige der Krümmung das blanke Bronze. Der Sattel der Windung ist mit einigen kugelartigen Knorren besetzt, welche gegen die Mitte der Schnecke zu etwas verlängert sind, und als Stützen des dortigen Krümmungskörpers dienen. Im Innern der Krümmung befindet sich ein das Ende der Windung bildender phantastisch geformter Schlangenkopf, welcher ein breites, bunt emailirtes Laubornament im Rachen hält *).

An diesem Stabe ist mittelst eines Bandes ein dicker dreieckiger Tuchlappen befestiget (Fig. 7), welcher dazu diente um daran das Sudarium zu hängen. Dieses seltene Exemplar einer Bursa ist von rothem Tuche mit goldener Bordure und rothen Fransen besetzt, und hat in der Mitte eine mit Perlen gestickte Arabeske.

Fig. 7.

---

*) Ausgestellt gewesen unter Nr. 103. Dieses Pastorale ist auch abgebildet in Schön's mittelalterlichen Kunstschätzen Salzburgs (gezeichnet v. Petzold).

VI. Romanischer Krummstab in der Pfarrkirche zu St. Wolfgang in Oberösterreich aus dem XII. Jahrhundert.

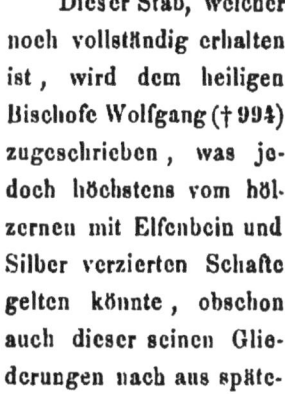

Fig. 8.

Dieser Stab, welcher noch vollständig erhalten ist, wird dem heiligen Bischofe Wolfgang († 994) zugeschrieben, was jedoch höchstens vom hölzernen mit Elfenbein und Silber verzierten Schafte gelten könnte, obschon auch dieser seinen Gliederungen nach aus späterer Zeit zu stammen scheint.

Der bronzene Obertheil (Fig. 8.) ist unzweifelhaft eine herrliche Arbeit des XII. Jahrhunderts. Die Aufsteckhülse ist, gleich dem ganzen Obertheile, mit buntfarbigen Emails verziert, und zeigt etliche theils aufrecht stehende, theils vorwärts schreitende Greifen mit erhabenen Flügeln und verschlungenen Schweifen, die bösen Dämone symbolisirend, welche als Feinde der Kirche der Hölle entsteigen. Den Nodus, welcher mit einer kleinen Blätterkrone bedeckt ist, wodurch er das Ansehen eines Granatapfels bekommt, zieren Sterne und Blumen auf blauem Emailgrund und dazwischen die eingravirten, mit Schmelz ausgelegten Halbfiguren der vier Evangelisten. Der Krone entsteigt ein gekrönter Engel mit entfalteten und nach rückwärts in die Höhe gebogenen, geöffneten Flügeln, in den Händen ein geschlossenes Buch haltend. Augen, Krone und Gewandsaum gegen den Hals hin, sind mit Edelsteinen besetzt. Das Übrige des Engels ist mit herrlichen Schmelzfarben überzogen. Diese vortrefflich gearbeitete Figur, und insbesondere deren Bekrönung bildet den Vermittler zwischen dem Nodus und der Curvatura, welche aus einer zweimal gewundenen, sich verjüngenden Schnecke besteht, die mit farbigen, dreitheiligen Wolken in Schmelzfarben bemalt ist, und mit einer zierlichen aus fünf mandelförmigen Blättern gebildeten Blume endigt *).

VII. Romanischer Krummstab zu Lemberg aus dem XII. Jahrhundert.

(Fig. 9.)

Der Schaft ist von Holz, der Obertheil (Fig. 9.) von Bronze, welches mit vertieften unregelmässigen geometrischen Figuren, ausgefüllt mit theilweise noch erhaltenen Emails, geziert ist. Die am Aussenrande mit kleinen Kugeln besetzte ein- und einhalbmal gewundene Schnecke endiget mit einem derb ausgeführten Drachenkopfe, der in seinem Rachen ein fisch- oder eidechsenähnliches Thier hält. Zur Verstärkung des gegen die Mitte der Curvatura allmälig sich verjüngenden Krümmungskörpers ist ein kleines Laubornament angebracht, das sich von demselben auf den etwas flach gedrückten Knopf herablässt **).

*) S. Heider und Eitelberger l. c. I. 135. Dieses Pastorale war nicht in der Wiener archäologischen Ausstellung ausgestellt gewesen, da der dortige Hochwürdige Hr. Pfarrer weder durch direkte Ersuchschreiben des Vereines noch durch entsprechende Aufträge des bischöflichen Ordinariats zu Linz zu bewegen war, dasselbe nach Wien zu senden.

**) Dieses Pastorale wurde in der ehemaligen Franciskaner-Kirche zu Lemberg im Grabe des Bischofs von Holicz „Jakob Streppa" † 1411 aufgefunden, und war im Jahre 1858 ein Gegenstand der archäologischen Ausstellung zu Krakau. (S. Mittheilungen der k. k. Centr. Com. IV. p. 41.)

VIII. Romanisches Pastorale aus dem Schatze des Augustiner Chorherrn-Stiftes zu Klosterneuburg in Nied. Österreich aus dem XIII. Jahrhundert.

Dieser gegenwärtig vollständig erhaltene Stab bildet in formeller Beziehung eine Specialität. Die Anschaffung desselben wird (Fig. 10.) laut der schriftlichen Aufzeichnungen dieses Stiftes dem Probsten Pabo, dem ersten Erbauer des Kreuzganges daselbst, (1279-1292) zugeschrieben. Er besteht in allen seinen Theilen aus Elfenbein und hat eine Höhe von 6 Schuhen, wovon auf das verzierte obere Ende mehr als 12 Zoll kommen.

Der runde Schaft, welcher sich nach abwärts etwas verjüngt, besteht aus 14 gleich grossen Theilen, die durch Schrauben und Stifte mit einander verbunden sind, und welche mit je einem roth, gelb und schwarzfarbigen zweigartigen Ornamte mit Kleeblattenden bemalt sind.

Die interessanteste Parthie dieses Stabes ist der Obertheil. (Fig. 10.) Der Knauf hat die Form einer etwas gedrückten Kugel, und ist mit den darauf gemalten, nimbirten Zeichen der vier Evangelisten geschmückt. Rücksichtlich der Anordnung der Farben muss bemerkt werden, dass die Umrisse der Ornamente und Figuren schwarz sind, die Ausfüllung durch Gold geschieht, und durch die nur in einzelnen Strichen verwendete rothe Farbe bloss gewisse Stellen hervorgehoben werden. Aus dem Nodus heraus entwickelt sich mittels eines stuffenförmigen Überganges ein Schlangenkopf, an dessen Stirn- und Unterkiefer-Seite sich je eine in einem muschelförmigen Ornamente sitzende, ungewöhnlich bekleidete Figur mit jüdischem Typus zeigt, deren Kopf sich nach der in der Krümmung befindlichen Vorstellung richtet.

Das obere Ende des Stabes bildet ganz abweichend von der gewöhnlichen Form, statt einer Schnecke einen vollständig geschlossenen, aber nicht ganz runden Ring, der in seinem Durchmesser 5½ Zoll misst, und aus sieben Theilen besteht, welche mittelst eben so vieler Messingringe zusammen gehalten werden. *)

An seinem Aussenrande ist der Ring und zwar an seiner obersten Stelle mit der aus einem doppelten Blattornamente in sitzender Stellung emporsteigenden Figur Gott Vaters, welche ein Buch in der Linken hält, und die Rechte zum Segen erhoben hat, geziert. Rechts und links davon sind am Ringe je drei kammartige, silhouettenförmige Krabben in Strahlenform angebracht. An den beiden Flachseiten des Ringes befinden sich Inschriften in spätromanischen Majuskeln, die sich auf die innerhalb des Ringes befindliche Gruppe beziehen. Leider ist jedoch nur die Inschrift an einer Seite lesbar. Sie lautet: „ave maria gratia."

Die ziemlich roh gearbeitete, freistehende Mittelgruppe stellt die Verkündigung Mariens vor und steht mit der oberwähnten Aufschrift in vollkommenem Einklang. Die Mutter Gottes sitzt auf

---

*) Ausgestellt gewesen unter No. 102. S. auch Mittheilungen der k. k. Centr. Comm. Jhrg. VI. 274.

einem Stuhle mit gefalteten Händen, ihr gegenüber zeigt sich, gleichsam auf sie zuschreitend; in etwas gebeugter Stellung der Erzengel Gabriel, die Rechte in die Höhe haltend. Zwischen beiden befindet sich ein Baum, der zugleich auch als Pult für ein vor der heil. Maria aufgeschlagenes Buch dient. Auf einem Aste desselben sitzt die den heiligen Geist vorstellende Taube gegen Maria gewendet. Alle Figuren so wie die Krabben sind roth und golden bemalt.

IX. Romanischer Krummstab aus dem Benedictiner-Nonnenkloster am Nonnberge zu Salzburg aus der ersten Hälfte des XIII. Jahrhunderts.

(Fig. 11.)

Bezüglich der Entstehungszeit dieses Stabes gibt der Umstand, dass Erzbischof Eberhard II. der Äbtissin Gertraud II. (1235—1252) im Jahre 1242 das Recht des Pastorales ertheilte, wohl hinreichenden Grund zu vermuthen, dass diese Äbtissin sich beeilt haben wird, von jenem ihr ertheilten Rechte Gebrauch zu machen, und sich baldigst mit einem Pastorale, wahrscheinlich mit dem hier abgebildeten versehen hat.

Der ganze Stab besteht aus Elfenbein, und ist gegenwärtig noch vollständig erhalten *).

---

*) Ausgestellt unter Nr. 106. Ausführlich beschrieben und in Farben abgebildet in Heider's mittelalterlichen Kunstschätzen II. 35. Gleichfalls abgebildet und beschrieben im vorerwähnten Werke über Salzburg.

Die Krümmung (Fig. 11) hat einen Durchmesser von 5½ Zoll. Der elfenbeinerne Schaft besteht aus 4 Stücken, und ist mit einigen Blattornamenten in Goldfarbe bemalt. Das unterste Stück des Schaftes endiget mit einem metallenen Stachel. Der Nodus ist rund, jedoch sehr flach gedrückt, in gleicher Weise wie der Schaft bemalt, und ausserdem mit einem mittelst schwarzer Farbe eingebeitzten Ringe verziert. Aus dem Nodus hebt sich der Kopf eines Ungethüms mit langen, zurückgelegten Ohren empor, aus dessen Rachen sich sofort die reich verzierte Krümme entwickelt. Dieselbe besteht aus einer einmaligen Windung, und endiget mit einem dem früheren fast gleichen Ungethümkopfe, welcher aus seinem mit starken Zähnen bewaffneten Rachen die rothe Zunge weit hervorstreckt.

Längs des Aussenrandes der Krümmung sind strahlenförmig flache, zierlich ausgeschnittene Blätter angebracht. Am obersten Punkte der Krümmung befindet sich ein in eine Spitze auslaufendes Doppelblatt, nach welchem alle andern Blätter gerichtet sind.

Inner der Rundung erblickt man im Flachrelief das nimbirte Osterlamm mit dem Kreuze, dessen, eine einmal gebrochene Linie bildenden Schaft es mit dem linken Vorderfusse hält. Gegen eben dieses Kreuz ist sowohl der Kopf des Lammes zurückgewendet, als auch der offene Rachen des früher erwähnten Ungethüms gerichtet. Zu Füssen und an der Seite des Lammes sind in Elfenbein geschnittene Ornamente, darunter auch ein Dreipass, angebracht.

An der vordern und rückwärtigen breiten Fläche der Krümmung sind Aufschriften in romanischer Lapidarschrift zu bemerken. An der Vorderseite befinden sich die bekannten Worte: „Salve regina misericordiae" auf der Kehrseite: Ave maria gratia dominus tecum. Die Buchstaben sind goldfarben, ihre Einfassung wechselt zwischen schwarz und roth. Zwischen den Buchstaben befinden sich einige goldene, grün eingerahmte, ornamentirte Streifen. Endlich ist noch zu erwähnen, dass die Radialverzierung und die Krümmung sammt Gruppe in reicher Weise mit goldfarbigen Ornamenten bemalt ist.

X. Romanischer Krummstab in dem Cisterzienser-Stifte zu Zwettl in Nied. Österreich aus dem XIII. Jahrhundert.

Derselbe ist gegenwärtig fast ganz erhalten, und besteht in allen Theilen aus Elfenbein. Nur die einer jüngeren Zeit angehörigen Verzierungen der Krümmung sind aus Metall. Der ganze Stab hat eine Höhe von 6 Schuhen, der Krümmungs-Durchmesser beträgt 5½ Zoll.*)

(Fig. 12.)

Der Stab soll ein Geschenk des Abtes Adam von Ebrach, welcher die Abtei zu Zwettl um die Mitte des XII. Jahrhunderts besuchte, an dieselbe sein**). Der Schaft besteht aus vier ungleichen Theilen, die mit einander, ähnlich dem Klosterneuburger Pedum, mittelst Schrauben verbunden werden. Der Nodus hat die Form eines Würfels mit zu Dreiecken abgeplatteten Ecken, die quadratischen Flächen an demselben sind schwarz gebeizt. Die offene Krümme wächst aus dem Rachen eines unmittelbar über dem Nodus befindlichen Ungethümkopfes heraus. Die aus einem

---
*) Ausgestellt gewesen unter Nr. 105.
**) Einer andern Tradition zufolge sei dieser Stab vom heil. Bernhard, der zur Zeit der Gründung des Stiftes Abt zu Clairvaux war, zum Andenken hieher geschenkt worden.

vierseitigen Krümmungskörper gebildete, einmal gewundene Schnecke endigt mit einem kleineren, dem vorigen ähnlichen Kopfe mit aufgesperrtem Rachen. Der Aussenrand ist radial mit flachen, aus Elfenbeinblättchen geschnittenen, krabbenartigen Blättern geziert.

Innerhalb der Rundung sieht man Maria mit dem Kindlein am Arme. Sie hält in der Rechten einen Lilienscepter, und vor ihr kniet der heil. Bernhard. Runde Figuren aus vergoldetem Silber, die jedoch gleich dem Besatze der Krümme an der Vorder- und Rückseite mit strahlenförmigen Ornamenten aus vergoldetem Silber und mit Edelsteinen, ferner gleich den zwanzig am Schafte des Stabes angebrachten Ringen und Lilienverzierungen, und endlich gleich den Ornamenten am Nodus einer Renovirung im XVI. Jahrhundert angehören. Eine noch jüngere Zuthat sind die vergoldeten Blätter in der Krümmung und die Leidenswerkzeuge in der Hand des heil. Bernhard.

Der Vergleich mit ähnlichen gleichzeitigen Krummstäben aus Elfenbein lässt mit ziemlicher Sicherheit vermuthen, dass auch an diesem Stabe früher eine den Anschauungen der romanischen Kunstperiode entsprechende Gruppe inner der Krümmung angebracht war.

XI. Pastorale aus dem aufgehobenen Benediktiner-Nonnenstifte zu St. Georg auf dem Prager Schlosse aus dem Jahre 1303.

König Wenzel II. von Böhmen und Polen, liess diesen Krummstab im Jahre 1303 anfertigen, und schenkte ihn seiner Schwester Kunigunde, verwitweten Herzogin von Massovien, damals Äbtissin dieses Benediktiner-Nonnenstiftes.

Gegenwärtig befindet sich derselbe in Besitz des Theresianischen Damenstiftes auf dem Prager Schlosse, dessen Äbtissinnen die Nachfolgerinnen der gefürsteten Äbtissinnen des erwähnten, durch Kaiser Josef II. aufgehobenen Stiftes sind.

Leider ist der grösste Theil dieses silbernen Krummstabes (Fig. 13.) in Folge der zweimaligen Renovirungen von **1553 und 1836** zum Nachtheile des Ganzen völlig umgestaltet worden. Am

Besten ist noch die Schnecke erhalten, obgleich sie bei diesen Renovirungen ebenfalls durch einen beigefügten reichen Stein- und Perlenbesatz sehr entstellt wurde.

(Fig. 13.)

Der Nodus ist rund und ziemlich flach gedrückt, darüber erhebt sich ein sechsseitiges Vermittlungsglied, aus dem sich die gleich anfangs mit einer Rückbiegung beginnende, einmal gewundene Schnecke entwickelt.

Inner der Krümmung steht auf einem runden Scheibchen der Ritter St. Georg, ganz mit dem Harnisch bedeckt, das Visier geschlossen, mit der linken Hand sich auf ein bekreuztes Schild stützend, und seinen mit der rechten Hand geschwungenen Speer in des Drachen Rachen bohrend. Die Figur des Ritters verlor bei der Renovirung ihren Emailschmuck *). Die vergoldeten Ringe am Schafte haben sich noch von der ersten Anfertigung

---

*) Ausgestellt unter Nr. 78 in der von der Gesellschaft Arkadia zu Prag im Jahre 1861 veranstalteten archäologischen Ausstellung; auch abgebildet in der Leipziger illustrirten Zeitung B. I.

her erhalten. Der erste Ring ist unmittelbar unter dem Nodus an
gebracht, die übrigen sind am Schafte hinab vertheilt. Die Ringe
enthalten folgende Inschrift:

    † AÑO DÑI MCCCIII HūC B
    ACVLṼ. FIERI. FECT. W—E
    † I. I. BOHEiE. FT. POLOiE. R
    EX. ET. DED. GERMANI. SVE.
    † DÑE CVNIGVDE. ABATISS
    E. MONASTERII SCI. GEORII
    † ICAST. PRAGESL. ANO. P
    MO. BNEDICC- ONIS. SVE.

XII. Pastorale des Benedictinerstiftes Raigern in Mähren, aus dem Ende des XIV. Jahrhunderts.

Von diesem Stabe hat sich nur der aus vergoldetem Kupfer
angefertigte Obertheil (Fig. 14) erhalten. Der Schaft war früher
wahrscheinlich von Holz, und wurde erst bei der in jüngster Zeit
vorgenommenen Renovirung durch den gegenwärtigen aus Metall
ersetzt.

Der Nodus besteht eigentlich aus drei Theilen, deren oberer
und unterer ziemlich gleich sind. Sie stehen verkehrt gegen
einander, sind achtseitig, und auf einer Seite, d. i. der obere gegen oben, der untere gegen unten auf den Kern hin schief ansteigend
abgeflächt. Der dritte, zwischen diesen beiden befindliche Theil des
Nodus ist sehr klein ringförmig, und in einer gleichsam durch die beiden anderen Theile gegen diesen hin gebildeten Einkehlung angebracht. Aus dem Nodus entwickelt sich in schön gebogener
Rundung die geschlossene Krümmung mit einer Rückbiegung beginnend. Der Durchmesser der Krümmung beträgt 7″ *). Die
durch den achtseitigen Krümmungskörper gebildete Schnecke
ist an der oberen Randseite mit dünnen, wellenförmig eingekerbten, eine einfache Schlinge bildenden Krabben besetzt. Auf den

---

*) Ausgestellt gewesen unter No. 107.

beiden flachen Aussenseiten der Krümmung befindet sich je eine Inschrift en email mit gothischen Minuskeln zwischen goldenen niello-artigen Laubverzierungen. Der Emailgrund ist auf der einen Seite von dunkelrother, auf der anderen von dunkelblauer Farbe.

Fig. 14.

Die Inschrift der einen Seite lautet: christus vincit, christus regnat, christus imperat. Dabei sind zwei Engel angebracht, deren einer die Laute schlägt. Die Aufschrift der anderen Seite enthält die Worte: Ihesus autem transiens per medium illorum ibat, nebst einer an der obersten Aufschriftstelle befindlichen Adlerfigur. Sehr beachtenswerth scheint uns das in der Mitte befindliche Doppelrelief aus Elfenbein, dessen Darstellungen mit den erwähnten Aufschriften im Zusammenhange stehen. Die eine Seite des Reliefs, entsprechend der Christusinschrift, zeigt die Mutter Gottes mit dem Kinde am Arme, ihr zu jeder Seite je ein Engel, welcher einen grün bemalten Stab in der Hand hält. Auf der anderen Seite des Doppelbildes zeigt sich der gekreuzigte Erlöser, umgeben von Maria und Johannes.

Beide Flachseiten der Krümmung sind in neuerer Zeit mit mehreren ziemlich grossen Ziersteinen besetzt worden, wodurch einzelne Stellen der Inschrift ganz verdeckt wurden, obgleich die Bestimmung und Behandlung der Stellen, an denen der Steinbesatz besteht, vermuthen lassen, dass gleich ursprünglich die Flachseiten der Krümmung mit einem Besatze von Steinen oder Metallrosetten geziert waren. Vor der Renovirung befand sich unter dem Nodus ein Öhr, wahrscheinlich zur Befestigung des Sudariums.

XIII. Gothischer Krummstab des Benedictiner-Nonnenstiftes am Nonnberge in Salzburg aus dem XV. Jahrhundert.

Derselbe ist ganz erhalten, in allen seinen Theilen aus Silber angefertigt und vergoldet. Am Schafte ist ober dem zur Befestigung des Sudariums bestimmten Öhre und zwar zum Theil auf der consolartigen Unterlage der den Nodus bildenden Anschwellung folgende Inschrift in gestauchter Arbeit angebracht:

„Agatha Haynspergerin, Abbatissa hoc opus fieri fecit anno domini 1471."

Nebst dieser Inschrift ist die Unterlage des Nodus noch mit unregelmässigen Vierecken von Arabesken und mit Steinbesatz verziert. Der Nodus selbst bildet eine stark hervortretende, aber etwas gedrückte Capelle. (Fig. 15.) Sie ist zweistöckig, und reich geziert mit einfachen und doppelten Streben nebst Fialen und Spitzgiebeln, und mit spitzbogigen mit Masswerken ausgefüllten Fenstern.

Aus dem Nodus entwickelt sich erst nach weiterer geradliniger Verlängerung die mittelst einer Vorwärtsbiegung gebildete, einmal gewundene geschlossene Schnecke. Dieselbe ist am Aussenrande mit zehn kräftigen Blätter-Knorren, an den beiden Flachseiten mit zierlicher Filigran-Arbeit in Form von Pflanzenverschlingungen geschmückt; überdiess wurden in neuerer Zeit noch bunte Steinchen aufgesetzt. Innerhalb der Schnecke ist gegenwärtig, ebenfalls jüngerer Zeit angehörig, ein spitzovales Medaillon angebracht, welches auf der einen Seite und zwar auf dunkelblauem

Grunde en relief den heil. Erasmus oder heil. Thiemo mit der Mitra auf dem Haupte vorstellt, wie ihm, bis zur Hälfte in einen Kessel gesenkt mittelst einer Winde die Gedärme aus dem Unterleibe gewunden werden. Das Relief der anderen Seite zeigt die Kreuzigung mit Maria und Johannes. Beide Reliefs sind aus Perlmutter geschnitten.

Fig. 15.

Jene Stelle des Obertheiles, die sich zwischen dem Nodus und der Krümmung befindet, zieren zwei in gleicher Höhe angebrachte Figuren, nämlich die eine die heil. Ehrentraud, die andere die heil. Jungfrau vorstellend, jede unter einem kuppelförmigen Baldachine auf einem Consol stehend. Die beiden Figuren sind so aufgestellt, dass die eine rechts, die andere links unterhalb der Krümmung sich befindet. Ausserdem ist etwas tiefer zunächst der heil. Jungfrau die Aebtissin Agatha in knieender Stellung angebracht. Dieselbe hält einen Schild, worauf zwei Geweihe als Wappenfigur zu sehen sind. *)

---

*) Derselbe ist abgebildet in dem erwähnten Werke über Salzburgs Kunstschätze, wurde jedoch in Wien im Jahre 1860 nicht ausgestellt.

XIV. Gothischer Krummstab des Benedictinerstiftes St. Peter in Salzburg aus dem XV. Jahrhundert. *)

Fig. 16.

Dieser in seiner Art prachtvolle und vollständig erhaltene Krummstab ist ein Geschenk des Abten Rupert V. an die Abtei. Er ist ganz aus Silber verfertigt und hat eine Höhe von 6 Schuhen. Obwohl es aus der Aehnlichkeit des ganzen Werkes und der Zeit der Anfertigung wahrscheinlich erscheint, dass dieses und das eben früher beschriebene Pastorale aus derselben Meisterhand hervorgingen, so fällt doch bei einem Vergleiche beider Stäbe das Urtheil zu Gunsten des zweiten aus. Am ersteren ist Kürze und Gedrungenheit besonders im Nodus vorherrschend, nur die zierlichen Details geben demselben ein luftigeres Aussehen, während der hochstrebende schlanke Aufbau des anderen eine bereits grössere Gewandtheit und Tüchtigkeit des Künstlers in der Bildung gothischer Formen verräth. Auch ist derselbe weit reicher ausgestattet, und in bei Weitem mehr gelungener und geschmackvoller Weise ausgeführt als jener.

Vorzüglich zierlich sind der Nodus und die Krümmung, welche zusammen eine Höhe von 2 Schuhen haben. (Fig. 16) Der Nodus ist lang gestreckt, nicht sehr hervortretend, hat die Gestalt einer Capelle, und ruhet auf einem Consol, welches den Uebergang vom Schafte, der

---

*) Ausgestellt gewesen unter No. 108.

ganz mit Blumen und Verschlingungen in gestauchter Arbeit geziert ist, nur allmählig vermittelt. Das hohe sechsseitige Consol ist mit kleinen Flächen geziert, auf denen ein Ecce homo und Engelsgestalten mit Leidenswerkzeugen eingravirt sind. Zwischen diesen 6 Flächen sind kleine, freistehende Säulchen angebracht. Der Nodus selbst besteht aus zwei Abtheilungen, doch ist nur der untere Theil entwickelt, während der obere gedrückt und auch minder geziert ist. Im unteren Theile sind unter den mit Fialen und pflanzenartigen Verschlingungen reich verzierten 6 Bögen je ein, und zwar vorzüglich gearbeitetes Figürchen angebracht. Diese Figürchen stellen den heil. Vitalis, Rupertus, Petrus, Paulus, den Heiland und die Mutter Gottes vor.

Aus dem Nodus entwickelt sich, nachdem sich der Schaft noch etwas in gerader Richtung über demselben fortsetzt, die einmalig gewundene, nach vorwärts gebogene und sich verjüngende Schnecke. Dieselbe ist am Aussenrande mit 10 Knorren besetzt, welche denen des früher beschriebenen Stabes sehr gleichen, hat an den beiden Flachseiten zierliche Filigranarbeiten, die in neuerer Zeit mit Schmuck von Perlen und Edelsteinen bereichert wurden, und folgende längs der Knorren nächst dem rückwärtigen Krümmungsrande ansteigende Inschrift: Rudberti abbatis persto ego iussu suo anno 1487 — (auf der andern Seite) Initium sapientiae timor domini Eccl. prim.

Inner der geschlossenen Krümmung befindet sich unter einem geschweiften Spitzbogen, dessen Kreuzblumen über den Rand der Schnecke hinausstehen, die Figur der heil. Katharina mit Rad und Schwert auf einer Console stehend.

Noch sind zwei Figuren an diesem mit figuralem und ornamentalem Schmucke reich ausgestatteten Kunstwerke zu erwähnen. Die eine kniet auf einer über dem Nodus hervortretenden Console und stellt einen Priester mit der faltenreichen Flocke angethan, vielleicht den Abt Rupert V. vor, dessen Wappen am Nodus angebracht ist. Die andere steht auf dem über dieser Figur angebrachten poligonen, flach abgeschlossenen Baldachin. Sie ist nackt, hält mit beiden Händen die Schnecke und stösst mit dem linken Fusse gegen die ihr zunächst angebrachte Knorre. Sie scheint ohne einen weiteren tieferen Sinn bloss zur Unterstützung der Krümmung angebracht zu sein *).

XV. Gothischer Krummstab aus dem Domschatze zu St. Stefan in Wien, dem Ende des XV. Jahrhunderts angehörig **).

Fig. 17.

Derselbe ist aus Silber und vergoldet. Der noch ganz erhaltene Obertheil hat eine Höhe von 16" und die Krümmung einen Durchmesser von 6." An dem Stabe (Fig. 17) befinden sich zwei Noden, wovon der obere der zierlichere und ältere ist. Er hat die Gestalt eines sechsseitigen Capellenbaues von ganz durchbrochener Arbeit. Im Masswerke der geschweift-spitzbogigen Fenster zeigen sich Fischblasen - Constructionen. Über der Capelle befindet sich eine neuerliche Ausbreitung von ziemlich flacher, poligoner Form, die wahrscheinlich den Abschluss des Nodus nach oben vorstellen soll, wohl aber nicht viel Geschmack verräth. Der untere Nodus ist ein kleiner runder und gedrückter Knopf und scheint mit dem gleichfalls jüngeren Schafte gleichzeitig zu sein.

---

*) Abgebildet in dem erwähnten Werke über Salzburg.
**) Ausgestellt gewesen unter Nr. 103.

Ueber den Noden befindet sich nach weiterer geradliniger Verlängerung die reich gegliederte Krümmung. Dieselbe beginnt mit einer vollkommenen Rückbiegung, zeigt somit bereits die noch jetzt übliche Sichelform. Die am Aussenrande radial angebrachten Krabben sind sehr fein und zierlich, ähnlich den Schlingpflanzen mit sehr zarten Blättern, die beiden Flachseiten sind mit Laubwerk in Filigran-Arbeit reich geziert. Inner der Krümmung ist das von Strahlen umgebene Brustbild der Gottesmutter mit dem Jesukindlein am linken Arme aus einer Blume sich entwickelnd — wahrscheinlich eine spätere Arbeit, angebracht.

An diesem Stabe ist die Charakteristik gothischer Kunstwerke in Folge der neu auftauchenden und die Gothik verdrängenden Stylformen bereits bedeutend geschwächt.

Hiemit schliessen wir die Reihe unserer Beschreibungen.

Verlag des Verfassers.

Verzeichniss der in dieser Schrift besprochenen Krummstäbe.

(Die Sternchen * bedeuten Anmerkung.)

Die Stäbe zu
    Admont 15. 18. 19. 34. 35.
    Altenburg 14. 18. 19. 36. 37.
    Bamberg 17*.
    Deutz 27* (Krückenstab) 7.
    Göttweig 14. 18. 19. 33. 34.
    Hildesheim 10*.
    Kirchdrauf 28.
    Klosterneuburg 16. 17. 20. 26. 41. 43.
    Lemberg 15. 18. 19. 40.
    Mainz 16* 18*.
    Metz 22*.
    München 23*.
    Prag (St. Georgskloster) 22. 47. 48.
    Raigern 21. 22. 48. 49. 50.
    Rüti s. Beisätze am Schlusse.
    Salzburg (St. Peter, aus Bronze) 15. 18. 19. 37. 38.
        „   „   aus Silber) 25. 52—54.
        „   „   aus der Neuzeit) 28.
        „   „   Krückenstab) 7. 32. 33.
        „   (Nonnberg, Elfenbein) 14. 17. 20. 43. 44.
        „   „   Silber) 25. 50. 51.
    Wien (St. Stefan) 25. 54. 55.
    St. Wolfgang 16. 19. 39. 40.
    Zara 25.
    Zwetl 14. 20. 45. 46.

Zu verbessern und beizusetzen:

S. 3, Anm. Z. 3 „Rheinwald" statt „Reinwald."
S. 7, Anm. Z. 2 „finden wir unter anderen in" statt „finden wir in."
S. 8, Z. 12 „Gewalt nicht blos im Ganzen des Stabes, sondern schon" statt „Gewalt schon."
S. 13, Anm Z. 4 ist noch beizusetzen: Dr. Heider, Über Thier-Symbolik (Wien 1849).
S. 14, Z. 8, W. 2 „ihrem" statt „ihren."
S. 14, Anm. ist noch beizusetzen: Wiener allg. Bauzeitung 1861 v. Dr. Lind.
S. 15, Z. 20 „Bildung und Anschauung" statt „Bildung, Anschauung."
S. 16, Fortsetzung der Anmerkung. Obgleich nicht in die Reihe der in Österreich befindlichen mittelalterlichen Krummstäbe gehörig glauben wir eines noch wenig bekannten und erst in dem jüngst erschienenen 2. Hefte des XIV. Bandes der Publicationen der antiquarischen Gesellschaft in Zürich abgebildeten Pastorales kurz Erwähnung thun zu sollen. Derselbe befand sich in dem in den ersten Jahren des XIII. Jahrhunderts gestifteten und im XVI Jahrhunderte eingegangenen Praemonstratenser-Stifte Rüti in der Schweiz, und dürfte aus der ersten Zeit des Stiftes stammen. Der cilindrische und sich allmählig verjüngende bronzene Krümmungskörper, dem die Schlangenformation fehlt, und ein Stück des Schaftes unter dem Nodus sind mit romanischen Ornamenten gemustert. Der Nodus ist klein und mit 3 vorspringenden Pasten geziert. Inner der Krümmung finden wir einen geflügelten Vierfüsser, der mit Ausnahme des Kopfes einem Löwen ähnlich ist. Der nach rückwärts gewendete Kopf kann eher einem durch die Phantasie verunstalteten Hundskopfe gelten. Damit aber das Drachenmotiv an diesem Stabe nicht ganz fehle, so ist ein geflügelter kleiner Drache unter der Krümmung zur Verstärkung derselben angebracht.
S. 20, Z. 15 W. 4 soll heissen „dagegen.",
S. 29, nach dem 1. Absatze der Anmerkung beizusetzen: die Pröbste von Herzogenburg erhielten die Pontificalrechte im J. 1498.
  Nach dem 2. Absatze der Anmerkung: Im Stifte Neukloster zu Wr. Neustadt haben die Priores das Recht in Abwesenheit des Abtes bei jedem feierlichen Gottesdienste in der Klosterkirche sich des Krummstabes bedienen zu dürfen.
S. 34, Z. 17 W. 4 soll heissen „repräsentirten."
S. 48, Z. 12 W. 6 soll heissen „in."

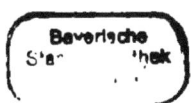